MAURO MARCHESI — JP MOULIN

50 LÉGENDES DU FOOTBALL

ÉDITION 2022

« Un seul sport n'a connu ni arrêts ni reculs : le football.
À quoi cela peut-il tenir sinon à la valeur intrinsèque du jeu lui-même,
aux émotions qu'il procure, à l'intérêt qu'il présente ? »
Pierre de Coubertin — Fondateur des Jeux olympiques modernes.

21g
www.21g.fr

Légende, nom féminin.
Du latin ***legenda***, ce qui doit être lu.
« Récit amplifié des exploits d'un personnage célèbre.
Par extension, personnage dont les exploits doivent être racontés. »

Un merci ému à Pierre Cangioni, créateur de l'émission Téléfoot en 1977, et à toutes les équipes qui ont animé et animent ce rendez-vous dominical. Merci pour toutes les merveilleuses et parfois contradictoires émotions que vous nous avez permis de vivre.
Un merci admiratif à tous les animateurs bénévoles qui font vivre le football dans tous les quartiers et toutes les campagnes de France et du monde !
Un merci immense à tous les joueurs, les légendes, les stars, les professionnels, les amateurs… qui courent après une boule de cuir et enflamment notre imagination.
Un merci amical à Mauro qui a sublimé son talent et travaillé d'arrache-pied pour que vous puissiez tenir ce livre entre vos mains.
Jean Paul Moulin

Les personnes qui ont bien voulu participer à cet exercice de fans sont :
- Frédéric Bosser (*dBD*, *L'Immanquable* et *Les Arts dessinés*),
- Pascal Lafine (Delcourt),
- Daniel Maghen (DM Éditions),
- Claude Pedrono (CP Conseil),
- Jean-Jacques Sébille (Les Cyclistes).
Qu'ils soient remerciés pour une éternité et demie.

SOURCES ET BIBLIOGRAPHIE (EXTRAIT) :
- Transfermarkt.fr,
- FIFA.com & UEFA.com,
- Wikipédia, l'encyclopédie libre,
- *Les Légendes du foot*, de Thierry Roland, Larousse, édition 2016,
- *Portraits légendaires du football*, de Bernard Morlino, Tana éditions, 2008.

Malgré les innombrables vérifications, relectures et révisions, il est encore possible que subsistent certaines erreurs ou omissions ; n'hésitez pas à partager vos éventuelles remarques à cette adresse : contact@21g.fr

DANS LA MÊME COLLECTION :

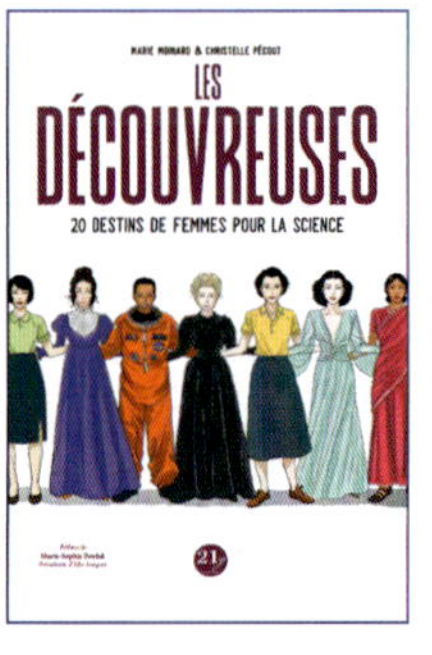

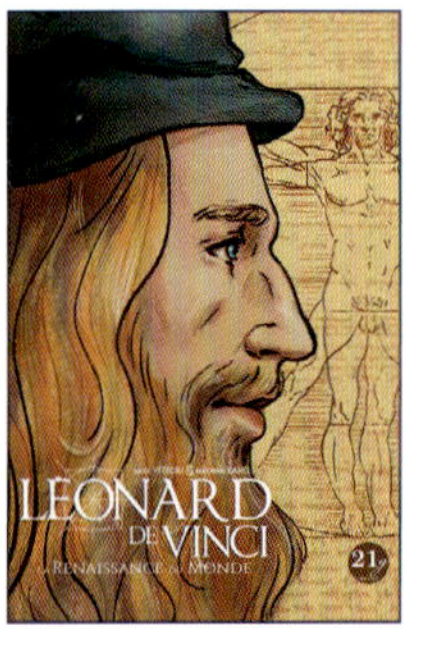

50 LÉGENDES DU FOOTBALL

Imprimé en Slovaquie

Blue Lotus Prod
17 rue Richard-Lenoir 75011 Paris
contact@21g.fr

www.21g.fr

1re édition
ISBN : 9791093111452
Dépôt légal : octobre 2022

* LE 24 MARS 2022, L'ITALIE PERD UN MATCH DE QUALIFICATION 0-1 CONTRE LA MACÉDOINE DU NORD QUI LUI BARRE LE CHEMIN DE LA PHASE FINALE AU QATAR.

* « L'ABUS D'ALCOOL EST DANGEREUX POUR LA SANTÉ, À CONSOMMER AVEC MODÉRATION »

HÉ, LES GARS, J'AI UNE IDÉE.. SI ON FAISAIT UNE LISTE ?
OH NON, PAS ENCORE UNE LISTE !
DÉJÀ QU'ON S'EST PRIS LA TÊTE SUR LA LISTE DES PLUS BEAUX BUTS DES COUPES DU MONDE...
HÉ, PATRIZIA, TU AURAIS UN PAPIER ET UN CRAYON ?
SI, SI, UN MINUTO.
DONC ON COMMENCE PAR CEUX QU'ON VIENT DE NOMMER : PELÉ, PLATINI, BECKHAM, MESSI, ZIDANE, CANTONA, WEAH, DI STEFANO, CRUYFF, RONALDO ET... MBAPPÉ ?
LÉGENDES DU FOOT
1. PELÉ
2. DI STEF
MBAPPÉ, TOUT LE MONDE VA AVOIR LES YEUX BRAQUÉS SUR LUI...
OK, OK...
AVEC DI STÉFANO, IL FAUT RAJOUTER LES AUTRES LÉGENDES DU GRAND REAL MADRID DES ANNÉES 60 : PUSKÁS ET KOPA...
... ET AUSSI DU REAL DES ANNÉES 2000: CHRISTIANO RONALDO ET BENZEMA !
BENZEMA, IL A FAIT UNE SUPER SAISON CETTE ANNÉE, MAIS TU M'AURAIS DEMANDÉ EN 2018, JE T'AURAIS DIT NON !
AVEC PELÉ, IL NE FAUT PAS OUBLIER GARRINCHA, QUI GAGNE LA COUPE DU MONDE 1962 QUASIMENT À LUI TOUT SEUL, ET MARADONA CELLE DE 1986 !
SI ON PARLE DES LÉGENDES DES COUPES DU MONDE : CHARLTON ET L'ANGLETERRE EN 66, BECKENBAUER ET L'ALLEMAGNE EN 74, BUFFON POUR L'ITALIE EN 2006...
OH BEN NON PAS BUFFON, C'EST JUSTE UN PLAYBOY. EN ITALIE PEUT-ÊTRE...
MA, SI, BUFFON, C'EST UN HÉROS, IL A ARRÊTÉ LA TÊTE DE ZIDANE EN FINALE, ET LA COPA, C'EST EN ITALIA, QU'ELLE EST ALLÉE!
JP, TU SAIS CE QU'IL TE RESTE À FAIRE SI ON VEUT GARDER LE DROIT DE DÉGUSTER LES *ORECCHIETTE* DE PATRIZIA !
PA
BUFFON
OK, OK...
BON, BEN MOI, J'AI L'IMPRESSION QUE CELA NE VA PAS ÊTRE FACILE DE LA FAIRE CETTE LISTE...

À SUIVRE...

Table des matières

PIONNIERS, STARS, HÉROS & LÉGENDES

Le football apparaît dans sa forme actuelle en Angleterre au milieu du XIXe siècle. Sport d'ouvriers plus que d'aristocrates, il se développe grâce aux chantiers ferroviaires (une autre invention britannique...) et aux professeurs d'anglais qui essaiment en Europe et en Amérique du Sud.

Après plusieurs tentatives pour unifier les différentes règles régionales ou locales, c'est en 1863 que 11 clubs londoniens se réunissent pour définir 14 règles communes qui sont les bases du football actuel, même si la durée du match et le nombre de joueurs restent encore à la discrétion des équipes.

En 1870 a lieu la première rencontre internationale entre l'Angleterre et l'Écosse, elle se termine sur le score de 1 partout.

D'après Luciano Wernicke (*Pourquoi le foot se joue à 11 contre 11* — Éditions Amphora), la première collection de cartes représentant des joueurs de football est éditée en Angleterre en 1896 pour la promotion de cigarettes. C'est le début du star-system footballistique.

En 1904, La FIFA, Fédération internationale de football association, est fondée à Paris dans la foulée du mouvement olympique initié par Pierre de Coubertin.

Elle organise en 1930 la première Coupe du monde en Uruguay, remportée par le pays hôte.
Après la Seconde Guerre mondiale, le stade de Maracanã est construit à Rio de Janeiro et accueille le match clé de la Coupe du monde 1950 entre l'Uruguay et le Brésil devant 200 000 spectateurs.
Puis c'est la victoire surprise de l'équipe de la RFA capitaliste en finale en 1954 contre la Hongrie communiste qui frappe les esprits.
Mais c'est la Coupe du monde de 1958 en Suède qui, grâce à la popularité toute nouvelle de la télévision, marque un tournant dans la reconnaissance mondiale de ce sport et dans la starification des joueurs. Un jeune prodige, le brésilien de 17 ans Pelé, et un duo implacable devant les buts, les Français Raymond Kopa et Just Fontaine, deviennent des stars mondiales du jour au lendemain.

Le lancement d'une compétition européenne des clubs par l'UEFA en 1955, et la domination du Real Madrid et de ses stars Di Stéfano, Puskás et Kopa au cours des cinq premières éditions, captent l'imagination de tous les fans européens.

Suite à une décision de justice de 1995 (l'arrêt « Bosman ») l'UEFA est obligée de renoncer à la règle dite des « étrangers » qui limitait à trois le nombre de joueurs d'un autre pays européen dans les effectifs des clubs. Cela ouvre la porte à une sorte d'anarchie sur le marché des transferts entre les clubs et à une inflation des montants mobilisés pour l'achat de joueurs qui passent non seulement d'une équipe à l'autre, mais d'un championnat à l'autre.

En parallèle, la généralisation des chaînes de télévision privées par câble ou satellite, et l'explosion des droits de diffusion des matchs, bouleversent les économies des clubs dans tous les pays et participent à une course aux salaires de plus en plus importants pour les joueurs les plus en vue. Les droits du championnat anglais ont ainsi été multipliés par 25 entre la période 1992-1997 et la période 2019-2022.

À cela s'ajoute l'arrivée de nouveaux investisseurs aux poches bien remplies : fonds d'investissement américains ou asiatiques, milliardaires russes ou chinois, fonds souverains de pays qui veulent améliorer leur image souvent défaillante (Qatar, Arabie saoudite...).

Quelques mois avant la très controversée phase finale de la Coupe du monde 2022 qui se déroulera au Qatar, on considère généralement que 30 % de la population mondiale est impliquée dans le football, comme joueur/joueuse, officiel/officielle ou supporter/trice.
Deux-cent-neuf équipes nationales ont participé aux phases éliminatoires de cette Coupe du monde (alors que l'ONU ne compte officiellement que cent quatre-vingts treize États), et trente-deux se sont qualifiées pour la phase finale.

Alors, que les meilleurs gagnent !

ALFREDO DI STÉFANO

SAETA RUBIA (LA FLÈCHE BLONDE)

ATTAQUANT
1m78, droitier

DATE DE NAISSANCE
4 JUILLET 1926
BUENOS AIRES (ARGENTINE)

ARGENTINE

NATURALISÉ ESPAGNOL EN 1956

PALMARÈS JOUEUR

ÉQUIPE NATIONALE ARGENTINE
COPA AMERICA 1948

CLUBS

REAL MADRID	COUPE D'EUROPE DES CLUBS CHAMPIONS 1956, 1957, 1958, 1959, 1960 CHAMPION D'ESPAGNE 1954, 1955, 1957, 1958, 1961, 1962, 1963, 1964 COUPE D'ESPAGNE 1962 COUPE DU MONDE DES CLUBS 1960
MILIONARIOS FC	CHAMPION DE COLOMBIE 1949, 1951, 1952
ATLETICO RIVER PLATE	CHAMPIONNAT D'ARGENTINE 1945, 1947

PALMARÈS ENTRAÎNEUR

BOCA JUNIOR	CHAMPION D'ARGENTINE 1969 COUPE D'ARGENTINE 1969
CA RIVER PLATE	CHAMPION D'ARGENTINE 1981
VALENCE CF	CHAMPION D'ESPAGNE 1970 COUPE DES COUPES 1980

BALLON D'OR
1957, 1959

« Être deuxième, c'est être le premier des derniers. Cela ne sert à rien de mettre 200 buts si vous finissez deuxième. »

1926
Naissance

4 JUILLET 1926
LE PETIT ALFREDO NAÎT DANS UNE FAMILLE DE BUENOS AIRES, EN ARGENTINE, AVEC DES ORIGINES TRÈS MÉLANGÉES : SES GRANDS-PARENTS SONT VENUS D'ITALIE, D'ESPAGNE, DE FRANCE ET D'IRLANDE.

1956
30 ans

13 JUIN 1956
EN FINALE DE LA TOUTE PREMIÈRE COUPE D'EUROPE, LE REAL L'EMPORTE 4-3 À PARIS CONTRE LE STADE DE REIMS. DI STÉFANO EST NOMMÉ HOMME DU MATCH APRÈS AVOIR MARQUÉ LE 1ER BUT MADRILÈNE À LA 14E MINUTE.

13 OCTOBRE 1956
DI STÉFANO EST NATURALISÉ ESPAGNOL, CE QUI PERMET AU REAL DE FAIRE ENFIN JOUER SA NOUVELLE RECRUE, LE FRANÇAIS RAYMOND KOPA (LE NOMBRE DE JOUEURS ÉTRANGERS DANS L'EFFECTIF D'UN CLUB ÉTAIT ALORS LIMITÉ À 3).

1971
65 ans

EN 1971, C'EST LE CLUB DE VALENCE EN ESPAGNE À QUI IL PERMET DE REMPORTER LE TITRE DE CHAMPION.

2014
88 ans

5 JUILLET 2014
ALFREDO DI STÉFANO EST VICTIME D'UNE CRISE CARDIAQUE FATALE DANS LES RUES DE MADRID.

1941

15 ans

SA FAMILLE S'ÉTANT INSTALLÉE DANS UNE FERME, ALFREDO DEVIENT VAQUERO, L'ÉQUIVALENT ARGENTIN DES COW-BOYS.

1945

19 ans

ALFREDO SIGNE UN CONTRAT PROFESSIONNEL DANS SON CLUB DE COEUR RIVER PLATE À BUENOS AIRES. IL EST CHAMPION D'ARGENTINE DÈS SA PREMIÈRE SAISON AU CLUB.

1949

23 ans

MÉCONTENT DE SON CONTRAT, DI STÉFANO QUITTE EN CATIMINI L'ARGENTINE ET LE CLUB DE RIVER PLATE POUR LA COLOMBIE ET UN SALAIRE AU NIVEAU DE SON TALENT.

1953

27 ans

7 OCTOBRE 1953
APRÈS DES DISCUSSIONS TENDUES ENTRE LE REAL MADRID ET LE FC BARCELONE, DI STÉFANO DÉBARQUE À MADRID ET MARQUE 2 BUTS CONTRE BARCELONE.

1957

31 ans

30 JANVIER 1957
PREMIER MATCH (AMICAL) AVEC L'ÉQUIPE NATIONALE D'ESPAGNE (5-0) CONTRE LES PAYS-BAS, IL MARQUE TROIS BUTS.

1960

34 ans

18 MAI 1960
LE REAL MADRID REMPORTE SA 5E FINALE DE COUPE D'EUROPE D'AFFILÉE 7-3 CONTRE FRANCFORT, À GLASGOW. DI STÉFANO MARQUE 3 BUTS ET SON COÉQUIPIER PUSKÁS EN MARQUE 4 !

1963

37 ans

4 AOÛT 1963
DI STÉFANO EST VICTIME D'UN ENLÈVEMENT PAR DES GUÉRILLEROS, À CARACAS AU VENEZUELA, ET LIBÉRÉ DEUX JOURS PLUS TARD.

1969

43 ans

JANVIER 1969
DI STÉFANO RETOURNE À BUENOS AIRES POUR ENTRAÎNER LE CLUB BOCA JUNIOR, LE GRAND RIVAL DE RIVER PLATE. IL MÈNE LE CLUB À UN DOUBLÉ HISTORIQUE CHAMPIONNAT/COUPE D'ARGENTINE.

SON HÉRITAGE

Di Stéfano était un joueur aimé par les supporters, les dirigeants et les autres joueurs, pas seulement pour son talent technique et ses qualités de buteur, mais aussi pour ses qualités humaines : sens de l'équipe, humilité, talent de meneur d'hommes… Au point que les plus grandes légendes, Pelé, Maradona, Bobby Charlton… diront de lui qu'il a été le plus grand joueur de l'histoire du football.

FERENC PUSKÁS

LE MAJOR GALOPANT

ATTAQUANT

1m72, gaucher

DATE DE NAISSANCE
1ER AVRIL 1927
BUDAPEST

HONGRIE

NATURALISÉ ESPAGNOL EN 1962

PALMARÈS JOUEUR

ÉQUIPE NATIONALE

MÉDAILLE D'OR J.O. 1952 — HELSINKI

CLUBS

REAL MADRID	CHAMPION D'ESPAGNE 1961, 1962, 1963, 1964, 1965 COUPE D'EUROPE DES CLUBS CHAMPIONS 1960, 1965, 1965 COUPE D'ESPAGNE 1962
BUDAPEST HONVED (HONGRIE)	CHAMPION DE HONGRIE 1949, 1950, 1952, 1954, 1955

PALMARÈS ENTRAÎNEUR

PANATHINAIKOS (GRÈCE)	CHAMPION DE GRÈCE 1970, 1972
SOL DE AMÉRICA (PARAGUAY)	CHAMPION DU PARAGUAY 1986

« Pourquoi avons-nous perdu la finale de la Coupe du monde en 1954 ? Parce que les Allemands ont marqué 3 buts et nous seulement 2... ou plutôt, l'arbitre n'en a validé que 2. »

1927

Naissance

1ER AVRIL 1927
LE PETIT FERENC NAÎT À BUDAPEST D'UN PÈRE FOOTBALLEUR ET D'UNE MÈRE COUTURIÈRE. PLUS TARD, IL PRÉTENDRA ÊTRE NÉ LE 2 AVRIL PAR SUPERSTITION !

4 NOVEMBRE 1956
LES CHARS RUSSES ENVAHISSENT LA HONGRIE. IL Y A DES CENTAINES DE MORTS. 200 000 HONGROIS QUITTENT LE PAYS. PUSKÁS REJOINT UN CAMP DE RÉFUGIÉS EN AUTRICHE. LA FIFA LUI INTERDIT DE JOUER SOUS LA PRESSION DU NOUVEAU GOUVERNEMENT HONGROIS.

15 AVRIL 2009
CRISTIANO RONALDO REÇOIT DES MAINS DE LA VEUVE DE PUSKÁS LE PREMIER PRIX PUSKÁS DE LA FIFA, DÉCERNÉ POUR LE PLUS BEAU BUT DE L'ANNÉE. IRONIE DU SORT, C'EST CETTE MÊME FIFA QUI AVAIT INTERDIT À PUSKÁS DE JOUER PENDANT 2 ANS DANS LES ANNÉES 50 POUR DES RAISONS POLITIQUES...

1943
16 ans

À 16 ANS, IL REJOINT L'ÉQUIPE 1 DU KISPEST ATHLETIC CLUB ENTRAÎNÉE PAR SON PÈRE.

1949
LA HONGRIE REJOINT LE CAMP DE L'UNION SOVIÉTIQUE CONTRE LES PAYS OCCIDENTAUX. LE KISPEST ATHLETIC CLUB DEVIENT UN CLUB MILITAIRE : LE BUDAPEST HONVED. C'EST LÀ QUE PUSKÁS GAGNE SON SURNOM DE "MAJOR GALOPANT".

4 JUILLET 1954
LA HONGRIE PERD EN FINALE DE LA COUPE DU MONDE, MALGRÉ UN BUT DE PUSKÁS DÈS LA 6e MINUTE. LA HONGRIE DOIT S'INCLINER 2 BUTS À 3 CONTRE UNE ÉTONNANTE ÉQUIPE DE RFA (ALLEMAGNE DE L'OUEST). C'EST SA SEULE DÉFAITE EN 48 MATCHS ENTRE 1950 ET 1956.

2 AOÛT 1952
L'ÉQUIPE NATIONALE DE HONGRIE REMPORTE LA FINALE DU TOURNOI OLYMPIQUE À HELSINKI CONTRE LA YOUGOSLAVIE, 2-0. PUSKÁS MARQUE LE PREMIER BUT HONGROIS À LA 70e MINUTE. UNE FOULE DE PRÈS DE 100 000 PERSONNES ACCUEILLE L'ÉQUIPE À SON ARRIVÉE À LA GARE DE BUDAPEST.

1958
EMIL OESTERREICHER, QUI AVAIT REJOINT LE STAFF DU REAL MADRID, FAIT LE PARI FOU D'ALLER CHERCHER PUSKÁS EN AUTRICHE ALORS QUE CELUI-CI A DÉJÀ PLUS DE 30 ANS ET SURTOUT 20 KILOS DE TROP. LA PRESSE SE MOQUE DE CETTE ANCIENNE GLOIRE. IL REJOINT À MADRID RAYMOND KOPA ET DI STÉFANO.

18 MAI 1960
LE REAL MADRID REMPORTE SA 5e FINALE DE COUPE D'EUROPE D'AFFILÉE 7-3 CONTRE FRANCFORT, À GLASGOW. PUSKÁS MARQUE 4 BUTS ET SON COÉQUIPIER DI STÉFANO EN MARQUE 3 !

C'EST DANS SON PAYS D'ORIGINE, LA HONGRIE, QUE PUSKÁS DÉCÈDE EN **2006**. UNE GRANDE CÉRÉMONIE A LIEU DANS LE STADE QUI PORTE SON NOM AVEC DES DIZAINES DE MILLIERS DE HONGROIS QUI VIENNENT LUI RENDRE HOMMAGE.

APRÈS AVOIR PRIS SA RETRAITE DE JOUEUR EN **1967**, IL ENTRAÎNE DIFFÉRENTS CLUBS, ET EN PARTICULIER LE PATHANAÏKOS D'ATHÈNES QU'IL MÈNERA JUSQU'À LA FINALE DE LA COUPE D'EUROPE DES CLUBS CHAMPIONS PERDUE 2-0 CONTRE L'AJAX D'AMSTERDAM DE JOHAN CRUYFF.

SON HÉRITAGE

Incroyable talent qui renaît au Real Madrid à 31 ans où il marque 236 fois en 261 matchs, Puskás représente avec Cruyff et Beckenbauer le pendant européen des magiciens sud-américains Di Stéfano ou Pelé. De petite taille, comme Kopa, il sait se faufiler dans les défenses adverses. Il n'a pas souvent le ballon, mais quand ses pieds touchent la boule de cuir, les défenseurs et le goal se retrouvent vite désemparés. Il reste dans les mémoires comme un des plus grands gauchers de l'histoire du football.

RAYMOND KOPA

KOPITA (LE PETIT KOPA)

MILIEU OFFENSIF/AVANT-CENTRE

1m68, droitier

ÉQUIPE DE FRANCE — REAL MADRID

DATE DE NAISSANCE
13 OCTOBRE 1931
NOEUX-LES-MINES

FRANCE

PALMARÈS JOUEUR
CLUBS

STADE DE REIMS	CHAMPION DE FRANCE 1953, 1955, 1960, 1962
REAL MADRID	COUPE DES CHAMPIONS 1957, 1958 ET 1959 CHAMPION D'ESPAGNE 1957 ET 1958

BALLON D'OR
1958

« Aujourd'hui, en plein XXe siècle, le footballeur professionnel est le seul homme à pouvoir être vendu et acheté sans qu'on lui demande son avis. »
France-Dimanche, 1963

1931
Naissance

31 OCTOBRE 1931
NAISSANCE À NŒUX-LES-MINES, DANS UNE FAMILLE DE MINEURS D'ORIGINE POLONAISE.

1957
26 ans

30 MAI 1957
APRÈS SON TRANSFERT À MADRID EN DÉBUT DE SAISON, IL EST LE SEUL NON-ESPAGNOL (DI STÉFANO VIENT D'ÊTRE NATURALISÉ) À PARTICIPER À LA FINALE DE LA SECONDE COUPE D'EUROPE CONTRE L'ÉQUIPE ITALIENNE DE LA FIORENTINA. LE REAL MADRID L'EMPORTE 2-0.

RAYMOND KOPA DÉCÈDE **LE 3 MARS 2017** À ANGERS.

3 DÉCEMBRE 2018
REMISE DU PREMIER TROPHÉE KOPA DU MEILLEUR JOUEUR DE MOINS DE 21 ANS À KYLIAN MBAPPÉ. LE JEUNE JOUEUR DU PSG A ÉTÉ CHOISI À L'UNANIMITÉ PAR LES 22 VOTANTS, SOIT TOUS LES ANCIENS BALLONS D'OR ENCORE EN VIE.

1943

12 ans

1943
LE JEUNE RAYMOND VOLE UN BALLON DE FOOT EN CUIR AUX SOLDATS ALLEMANDS QUI OCCUPENT SON QUARTIER.

1951

20 ans

11 NOVEMBRE 1951
PREMIER BUT EN CHAMPIONNAT DE FRANCE AVEC SA NOUVELLE ÉQUIPE DE REIMS DANS UN MATCH CONTRE LE RACING CLUB DE PARIS.

1956

25 ans

1956
KOPA ET LE STADE DE REIMS DOIVENT S'INCLINER DEVANT LE REAL MADRID ET SA STAR DI STÉFANO LORS DE LA FINALE DE LA TOUTE PREMIÈRE COUPE D'EUROPE.

1958

27 ans

1958
RAYMOND KOPA EST NOMMÉ MEILLEUR JOUEUR DE LA COUPE DU MONDE EN SUÈDE, MAIS LA FRANCE NE FINIT QUE TROISIÈME DE LA COMPÉTITION.

1959

28 ans

1959
KOPA FAIT SON RETOUR DANS L'ÉQUIPE QUI L'A FAIT CONNAÎTRE, AU STADE DE REIMS, SANS OBTENIR LES RÉSULTATS ESPÉRÉS.

8 AOÛT 1963
KOPA REÇOIT UNE SUSPENSION DE SIX MOIS DE LA PART DE LA LIGUE PROFESSIONNELLE DE FOOTBALL POUR AVOIR DÉCLARÉ DANS UNE INTERVIEW QUE "LES JOUEURS DE FOOTBALL SONT DES ESCLAVES !" PUISQU'ILS PEUVENT ÊTRE VENDUS PAR LEUR CLUB. IL SE BAT POUR QUE LES CONTRATS DES JOUEURS AIENT UNE DURÉE DÉFINIE À L'AVANCE.

15 DÉCEMBRE 1968
RAYMOND KOPA EFFECTUE SON DERNIER MATCH PROFESSIONNEL, IL PEUT SE CONSACRER À PLEIN TEMPS À LA GESTION DES PRODUITS QUI PORTENT SON NOM.

SON HÉRITAGE

Désigné meilleur joueur de la Coupe du monde 1958, la première à être diffusée massivement à la télévision (on compte 8 millions de spectateurs en direct devant la télévision en France pour la demi-finale contre le Brésil), Kopa devient une vedette internationale. Son transfert record au Real Madrid, son combat pour les droits des joueurs et son investissement personnel dans les produits dérivés en font un des précurseurs des joueurs-businessmen qui domineront le football international à partir des années 70.

GARRINCHA

ALEGRIA DO POVO (LA JOIE DU PEUPLE)

ATTAQUANT
1m69, droitier

DATE DE NAISSANCE
28 OCTOBRE 1933
PAU GRANDE, BRÉSIL

BRÉSIL

PALMARÈS JOUEUR

ÉQUIPE NATIONALE
CHAMPION DU MONDE
1958 ET 1962

CLUBS

BOTAFOGO CHAMPION DU BRÉSIL
1962, 1963, 1964, 1965 ET 1968

« Sans Garrincha, je n'aurais jamais été trois fois champion du monde. »
Pelé

1933

1933
MANOEL FRANCISCO DOS SANTOS NAÎT DANS UNE FAMILLE PAUVRE DE L'ÉTAT DE RIO DE JANEIRO. IL SOUFFRE D'UNE MALFORMATION DE LA COLONNE QUI LE FAIT GRANDIR AVEC UNE JAMBE PLUS GRANDE QUE L'AUTRE.

1962 COUPE DU MONDE AU CHILI
PELÉ SE BLESSE AU DÉBUT DE LA COMPÉTITION, MAIS L'ÉQUIPE PEUT COMPTER SUR GARRINCHA : 2 BUTS ET UNE PASSE DÉCISIVE CONTRE L'ANGLETERRE EN QUART DE FINALE...

15 JUILLET 1966
GARRINCHA JOUE SON DERNIER MATCH AVEC LA SÉLECTION NATIONALE BRÉSILIENNE CONTRE LA HONGRIE. CETTE DERNIÈRE L'EMPORTE 3 BUTS À 0.

1953

20 ans

MALGRÉ SON HANDICAP, IL COURT VITE ET A UN SACRÉ CARACTÈRE, SA SOEUR LE SURNOMME GARRINCHA, DU NOM D'UN PETIT OISEAU RÉPANDU AU BRÉSIL ET TRÈS DIFFICILE À ATTRAPER.

1953
GARRINCHA EST REPÉRÉ PAR UN JOUEUR DE L'ÉQUIPE DE BOTAFOGO, UN CLUB DE RIO, LORS D'UN MATCH AMICAL OÙ IL BRILLE PAR SES DRIBBLES.

IL SE FAIT REMARQUER SOUS LE MAILLOT DE BOTAFOGO AVEC SES ATTAQUES INSAISISSABLES ET SES NOMBREUX BUTS DANS LE CHAMPIONNAT DE RIO QU'IL FINIT PAR REMPORTER EN 1957. ON LE SURNOMME "ALEGRIA DO POVO" (LA JOIE DU PEUPLE).

29 JUIN 1958
GARRINCHA, PELÉ ET LE BRÉSIL REMPORTENT LA COUPE DU MONDE À STOCKHOLM.

LES DRIBBLES DE GARRINCHA SONT TELLEMENT INCROYABLES QU'ILS DÉCLENCHENT LES RIRES DES SPECTATEURS.

... PUIS 2 BUTS CONTRE LE CHILI EN DEMI-FINALE ET...

... UN FESTIVAL DE DRIBBLES EN FINALE CONTRE LA TCHÉCOSLOVAQUIE. VICTOIRE DU BRÉSIL 3-1.

1962
À SON RETOUR AU BRÉSIL AVEC LA COUPE DU MONDE, GARRINCHA EST FÊTÉ COMME UN HÉROS NATIONAL.

1962
GARRINCHA, BIEN QUE MARIÉ, ENTAME UNE RELATION AMOUREUSE TUMULTUEUSE AVEC UNE CHANTEUSE POPULAIRE, ELZA SOARES, QUI FAIT SCANDALE AU BRÉSIL. TOUS SES AMIS SE DÉTOURNENT DE LUI.

1983
GARRINCHA DÉCÈDE SEUL, RUINÉ ET MALADE, VICTIME DE L'ALCOOL.

SON HÉRITAGE

Garrincha restera dans les mémoires pour la jubilation communicative avec laquelle il jouait sur le terrain, il fut en effet un des plus grands spécialistes du dribble malgré son handicap.
Hors du terrain, il vécut à 200 %, laissant derrière lui pas moins de 14 enfants.

BOBBY CHARLTON

MILIEU OFFENSIF
1m73, ambidextre

CHARLTON
9

DATE DE NAISSANCE
11 OCTOBRE 1937
ASHINGTON

— ANGLETERRE —

PALMARÈS JOUEUR

ÉQUIPE NATIONALE
CHAMPION DU MONDE 1966

CLUBS

MANCHESTER UNITED COUPE D'EUROPE DES CLUBS CHAMPIONS 1968
CHAMPION D'ANGLETERRE 1957, 1965, 1967
COUPE D'ANGLETERRE 1963

BALLON D'OR
1966

« Certaines personnes disent que les joueurs professionnels sont des esclaves. Si c'est le cas, je veux bien être condamné à la perpétuité. »

1937
Naissance

11 OCTOBRE 1937
BOBBY CHARLTON NAÎT À ASHINGTON EN ANGLETERRE DANS UNE FAMILLE DE FOOTBALLEURS. IL A QUATRE ONCLES QUI SONT FOOTBALLEURS PROFESSIONNELS.

L'ACCIDENT FAIT 23 MORTS DONT 8 JOUEURS.

19 AVRIL 1958
PREMIÈRE SÉLECTION EN ÉQUIPE D'ANGLETERRE ET PREMIER BUT CONTRE L'ÉCOSSE D'UNE MAGNIFIQUE REPRISE DE VOLÉE.

1970
33 ans

14 JUIN 1970
COMME UNE REVANCHE DE LA FINALE DE 1966, L'ALLEMAGNE, AVEC SA STAR BECKENBAUER, ÉLIMINE L'ANGLETERRE EN QUART DE FINALE DE LA COUPE DU MONDE AU MEXIQUE.

1956

19 ans

OCTOBRE 1956
BOBBY EFFECTUE SON PREMIER MATCH AVEC MANCHESTER UNITED PENDANT SON SERVICE MILITAIRE DANS LE RÉGIMENT DES ROYAL ARMY ORDNANCE CORPS.

1958

21 ans

6 FÉVRIER 1958
APRÈS AVOIR ÉLIMINÉ BELGRADE EN COUPE D'EUROPE, L'ÉQUIPE EMBARQUE DANS UN AVION POUR MANCHESTER AVEC UNE ÉTAPE À MUNICH POUR FAIRE LE PLEIN...

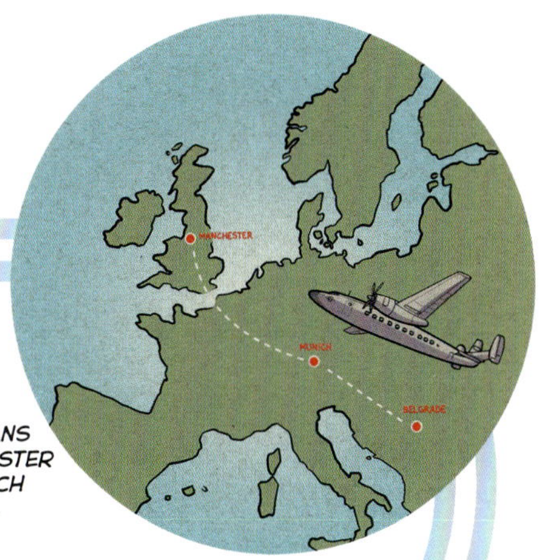

... À MUNICH, DEUX TENTATIVES DE DÉCOLLAGE DOIVENT ÊTRE AVORTÉES, LES PASSAGERS REMONTENT À BORD POUR UN NOUVEL ESSAI, MAIS LA NEIGE S'EST MISE À TOMBER...

... L'ÉPAISSEUR DE NEIGE PRÉSENTE SUR LA PISTE EMPÊCHE L'AVION DE PRENDRE SUFFISAMMENT DE VITESSE, IL S'ÉCRASE APRÈS AVOIR HEURTÉ UNE BARRIÈRE. BOBBY CHARLTON EST SAUVÉ DE JUSTESSE PAR UN AUTRE JOUEUR, LE GARDIEN HARRY GREG, QUI PARVIENT À L'EXTRAIRE DE L'AVION EN FLAMMES.

1963

26 ans

25 MAY 1963
APRÈS DEUX FINALES PERDUES EN 1961 ET 1962, MANCHESTER REMPORTE ENFIN LA COUPE D'ANGLETERRE DEVANT LA REINE À WEMBLEY.

1966

29 ans

30 JUILLET 1966
L'ANGLETERRE GAGNE LA COUPE DU MONDE 1966 À DOMICILE, APRÈS QUELQUES BEAUX EXPLOITS ET PLUSIEURS DÉCISIONS D'ARBITRAGE À SON AVANTAGE.

1968

31 ans

29 MAI 1968
BOBBY CHARLTON FAIT SON GRAND RETOUR À WEMBLEY POUR LA FINALE DE LA COUPE D'EUROPE CONTRE LE BENFICA LISBONNE. MANCHESTER L'EMPORTE 4 BUTS À 1. CHARLTON MARQUE LE PREMIER ET LE DERNIER BUT.

1976

39 ans

1976
IL TERMINE SA CARRIÈRE PRO AU CLUB DE WATERFORD, EN IRLANDE.

SON HÉRITAGE

Bobby Charlton a été nommé commandeur de l'*Order of the British Empire* en 1974 et fait partie du conseil d'administration de Manchester United depuis 1984. Il est reconnu comme l'un des hommes clés de la reconstruction du club après l'accident de Munich et comme l'un des grands artisans de sa place centrale dans le football européen.

PELÉ

O REI (LE ROI)

ATTAQUANT
1m73, droitier

DATE DE NAISSANCE
23 OCTOBRE 1940
TRÈS CORAÇÕES, BRÉSIL

BRÉSIL

PALMARÈS JOUEUR

ÉQUIPE NATIONALE
CHAMPION DU MONDE
1958, 1962 ET 1970

CLUBS

SANTOS F.C.	CHAMPION DU BRÉSIL 1961, 1962, 1963, 1964, 1965, 1968 COPA LIBERTADORES 1962, 1963 COUPE INTERCONTINENTALE 1962, 1963
COSMOS NYC	CHAMPION DES USA 1977

BALLON D'OR D'HONNEUR 2014

« Le succès n'est pas dû au hasard, c'est du travail, des sacrifices, des études et avant tout de l'amour pour ce que vous faites ou ce que vous voulez apprendre à faire. »

1940
Naissance

23 OCTOBRE 1940
EDSON ARANTES DO NASCIMENTO NAÎT DANS LA VILLE DE TRÊS CORAÇÕES DANS LE SUD DU BRÉSIL. SON PÈRE JOAO A ÉTÉ VICTIME D'UNE BLESSURE SUR UN TERRAIN DE FOOT QUI A MIS FIN À SA COURTE CARRIÈRE PROFESSIONNELLE.

1969
29 ans

19 NOVEMBRE 1969
APRÈS PLUSIEURS MATCHS D'ATTENTE, PELÉ MARQUE SON 1000ᴱ BUT OFFICIEL SUR PENALTY CONTRE LE CLUB VASCO DE GAMA.

13 JANVIER 2014
PELÉ REÇOIT UN BALLON D'OR – PRIX D'HONNEUR DE LA FIFA POUR AVOIR ÉTÉ LE PLUS GRAND JOUEUR DE FOOTBALL DE TOUS LES TEMPS.

1950

10 ans

16 JUIN 1950
L'ÉQUIPE NATIONALE DU BRÉSIL PERD LE MATCH-CLÉ DE LA COUPE DU MONDE CONTRE L'URUGUAY AU STADE MARACANA DE RIO DE JANEIRO DEVANT SON PUBLIC. FACE AU DÉSESPOIR DE SON PÈRE, LE PETIT EDSON LUI FAIT UNE PROMESSE...

1956

16 ans

20 SEPTEMBRE 1956
À MÊME PAS 16 ANS, PELÉ MARQUE SON PREMIER BUT PRO POUR LE CLUB DE SANTOS À LA 81E MINUTE D'UN MATCH AMICAL CONTRE LE CLUB DES CORINTHIANS.

1958

18 ans

29 JUIN 1958
À 18 ANS, PELÉ FAIT UN PARCOURS SANS FAUTE LORS DE LA COUPE DU MONDE EN SUÈDE : 1 BUT EN QUART CONTRE LE PAYS DE GALLES BATTU 1-0, TROIS BUTS CONTRE LA FRANCE BATTUE 5-2 EN DEMI-FINALE, PUIS 2 BUTS CONTRE LA SUÈDE, BATTUE 5-2 EN FINALE.

1962

22 ans

30 SEPTEMBRE 1962
PELÉ MARQUE 2 BUTS LORS DE LA FINALE DE LA COPA LIBERTADORES REMPORTÉE PAR SANTOS. C'EST LA PREMIÈRE FOIS QU'UN CLUB BRÉSILIEN REMPORTE LA COMPÉTITION LA PLUS PRESTIGIEUSE D'AMÉRIQUE DU SUD.

1970

30 ans

21 JUIN 1970
LE BRÉSIL REMPORTE SA 3E COUPE DU MONDE AU MEXIQUE. PELÉ MARQUE LE PREMIER BUT DE LA FINALE À LA 18E MINUTE.
(BRÉSIL 4 – ITALIE 1)

1975

35 ans

1975-77
PELÉ SORT DE SA SEMI-RETRAITE POUR SIGNER UN CONTRAT AVEC LE CLUB DU COSMOS NEW YORK. FRANZ BECKENBAUER LE REJOINT EN 1977 ET L'ÉQUIPE REMPORTE LE CHAMPIONNAT NORD-AMÉRICAIN, CE SERA SON DERNIER TITRE COMME JOUEUR.

1977

37 ans

1ER OCTOBRE 1977
PELÉ JOUE SON DERNIER MATCH DEVANT 75 000 PERSONNES À NEW YORK. UN MATCH AMICAL ENTRE SON PREMIER CLUB, SANTOS, ET SON SECOND ET DERNIER, LE COSMOS NEW YORK. IL JOUE LA PREMIÈRE MI-TEMPS AVEC LE MAILLOT DE SANTOS ET LA SECONDE AVEC CELUI DE NEW YORK.

1995

55 ans

JANVIER 1995
PELÉ EST NOMMÉ MINISTRE DES SPORTS PAR LE PRÉSIDENT CARDOSO. IL VA SE BATTRE POUR ESSAYER DE NETTOYER LA CORRUPTION DANS LE FOOTBALL BRÉSILIEN. EN 1997, L'ÉQUIPE NATIONALE GAGNE LA COPA AMÉRICA.

ET LE RESTE ?

Après l'arrêt de sa carrière professionnelle, Pelé s'engage auprès de l'ONU et de l'Unicef (Fonds des Nations unies pour l'enfance) pour l'amélioration de la condition des enfants dans le monde, en particulier dans les pays en voie de développement. Il se bat pour un accès facilité à l'éducation et pour la promotion du sport comme créateur de lien social. Il s'intéresse bien sûr toujours au football et surveille de près les exploits d'un certain… Mbappé.

FRANZ BECKENBAUER
DER KAISER (L'EMPEREUR)

LIBERO
1m81, droitier

BECKENBAUER
5

DATE DE NAISSANCE
11 SEPTEMBRE 1945
MUNICH, ALLEMAGNE, ZONE D'OCCUPATION US

RFA/ALLEMAGNE

PALMARÈS JOUEUR

ÉQUIPE NATIONALE
CHAMPION DU MONDE 1974
CHAMPION D'EUROPE 1972

CLUBS

HAMBURGER SV	CHAMPION DE RFA 1982
FC BAYERN MUNICH	CHAMPION D'EUROPE 1974, 1975, 1976 COUPE DES COUPES 1976 CHAMPION DE RFA 1969, 1972, 1973, 1974, 1982 COUPE DE RFA 1966, 1967, 1969, 1971
NEW YORK COSMOS	CHAMPION AMÉRIQUE DU NORD 1977, 1978, 1980

ENTRAÎNEUR

ÉQUIPE NATIONALE	COUPE DU MONDE 1990
FC BAYERN MUNICH	COUPE UEFA 1996 CHAMPION DE RFA 1994
OLYMPIQUE DE MARSEILLE	CHAMPION DE FRANCE 1991

BALLON D'OR
1972, 1976

« En tant que sportif dans un sport collectif, je suis mal à l'aise avec la reconnaissance individuelle. »

1945
Naissance

11 SEPTEMBRE 1945
NAISSANCE DU PETIT FRANZ À MUNICH, DANS LES DÉCOMBRES DE LA SECONDE GUERRE MONDIALE.

1972
27 ans

18 JUIN 1972
BECKENBAUER EST CAPITAINE DE L'ÉQUIPE DE RFA QUI REMPORTE L'EURO 1972 CONTRE L'URSS À BRUXELLES.

1974
29 ans

7 JUILLET 1974
BECKENBAUER ET LA RFA REMPORTENT LA FINALE DE LA COUPE DU MONDE À DOMICILE CONTRE LES PAYS-BAS.

QUE CE SOIT EN CLUB OU EN ÉQUIPE NATIONALE, COMME JOUEUR OU COMME ENTRAÎNEUR, EN ALLEMAGNE ET AUX USA, EN PASSANT PAR LA FRANCE, BECKENBAUER POSSÈDE UN DES PALMARÈS LES PLUS ÉTOFFÉS DE L'HISTOIRE DU FOOTBALL.

1966

21 ans

4 JUIN 1966
BECKENBAUER MARQUE LE QUATRIÈME ET DERNIER BUT DU BAYERN MUNICH EN FINALE DE LA COUPE D'ALLEMAGNE, IL DEVIENT UNE STAR NATIONALE.

30 JUILLET 1966
IL NEUTRALISE BOBBY CHARLTON EN FINALE DE LA COUPE DU MONDE À WEMBLEY. L'ANGLETERRE L'EMPORTE QUAND MÊME 4 BUTS À 2.

1968

23 ans

LA PRESSE ALLEMANDE LUI DONNE LE SURNOM DE "DER KAISER", L'EMPEREUR, LE JOUR OÙ IL POSE DEVANT UN BUSTE DE L'EMPEREUR AUTRICHIEN FRANZ JOSEPH Ier.

1969

24 ans

ENTRE 1969 ET 1974, IL GAGNE 4 FOIS LE CHAMPIONNAT D'ALLEMAGNE AVEC LE BAYERN MUNICH.

1976

31 ans

12 MAI 1976
LE BAYERN MUNICH BAT L'A.S. SAINT-ÉTIENNE EN FINALE DE LA COUPE D'EUROPE À GLASGOW EN PARTIE GRÂCE À LA FORME INHABITUELLE DES POTEAUX CARRÉS DES CAGES.

1977

32 ans

1977
IL REJOINT UNE AUTRE LÉGENDE, PELÉ, AU NEW YORK COSMOS, CLUB AVEC LEQUEL IL REMPORTE 3 FOIS LE CHAMPIONNAT NORD-AMÉRICAIN.

1990

45 ans

8 JUILLET 1990
DEVENU SÉLECTIONNEUR DE L'ÉQUIPE DE RFA, IL MÈNE L'ÉQUIPE JUSQU'À LA VICTOIRE EN FINALE DE LA COUPE DU MONDE CONTRE L'ARGENTINE, 1 À 0 À ROME.

FC BAYERN MÜNCHEN

1994

49 ans

DEPUIS 1994
APRÈS UNE ANNÉE À MARSEILLE, IL PREND EN CHARGE L'ÉQUIPE DU BAYERN MUNICH QU'IL MÈNE DE SUCCÈS EN SUCCÈS, D'ABORD COMME ENTRAÎNEUR PUIS COMME PRÉSIDENT ET PRÉSIDENT D'HONNEUR.

SON HÉRITAGE

Franz Benckenbauer est le symbole d'une certaine domination du jeu allemand sur l'Europe des années 70 et 80. Son jeu est athlétique, très proche du « football total » développé par Joahn Cruyff et l'équipe des Pays-Bas. Il invente, sous l'influence du Yougoslave Brenko Zebac, entraîneur du Bayern Munich, le rôle du libéro qui récupère les ballons dans sa défense puis remonte le terrain pour servir les avants. Sa complicité avec Gerd Müller est fatale aux équipes adverses. Homme d'affaires doué, il fait fortune grâce à plusieurs entreprises qu'il crée en parallèle de ses activités dans le football.

GERD MÜLLER
DER BOMBER (LE BOMBARDIER)

ATTAQUANT
1m75, droitier

MÜLLER
13

DATE DE NAISSANCE
3 NOVEMBRE 1945
NÖRDLINGEN, ALLEMAGNE, ZONE D'OCCUPATION US

RFA/ALLEMAGNE

PALMARÈS JOUEUR

ÉQUIPE NATIONALE
CHAMPION DU MONDE 1974
CHAMPION D'EUROPE 1972

CLUBS

FC BAYERN MUNICH
CHAMPION D'EUROPE 1974, 75, 76
COUPE DES COUPES 1967
CHAMPION DE RFA 1969, 1972, 1973, 1974
COUPE DE RFA 1966, 1967, 1969, 1971

BALLON D'OR
1970

« Quand vous gagnez la Coupe du monde, vous êtes le meilleur. »

1945
Naissance

11 SEPTEMBRE 1945
COMME BECKENBAUER, GERD MÜLLER NAÎT EN BAVIÈRE, DANS LES DÉCOMBRES DE LA SECONDE GUERRE MONDIALE.

1972
27 ans

3 JUIN 1972
EN MARQUANT 3 BUTS CONTRE L'EINTRACHT FRANKFURT, GERD ATTEINT 40 BUTS EN UNE SEULE SAISON DU CHAMPIONNAT, LE BOMBARDIER ENREGISTRE UN RECORD QUI N'A JAMAIS ÉTÉ BATTU DEPUIS.

1979
GERT MÜLLER REJOINT LA LIGUE AMÉRICAINE OÙ IL AFFRONTE FRANZ BECKENBAUER, SON ANCIEN COÉQUIPIER DU BAYERN ET DE L'ÉQUIPE NATIONALE.

1960
15 ans

1960
TOUT EN JOUANT DANS L'ÉQUIPE LOCALE DE NÖRDLINGEN, GERD SUIT UNE FORMATION D'APPRENTI SOUDEUR.

1964
19 ans

1964
GERD DÉBUTE AU BAYERN MUNICH ET ACQUIERT RAPIDEMENT LE SURNOM DE **"DER BOMBER"** À CAUSE DU NOMBRE ET DE LA PUISSANCE DES BALLONS QU'IL ENVOIE AU FOND DES FILETS.

1969
24 ans

1969
GERD MÜLLER REMPORTE SON PREMIER CHAMPIONNAT DE RFA AVEC LE BAYERN. IL MARQUE 30 BUTS EN 30 MATCHS.

1970
25 ans

14 JUIN 1970
EN QUART DE FINALE DE LA COUPE DU MONDE AU MEXIQUE, IL MARQUE UNE INCROYABLE VOLÉE PENDANT LES PROLONGATIONS ET QUALIFIE AINSI SON ÉQUIPE CONTRE L'ANGLETERRE, POUR UNE REVANCHE DE LA FINALE DE WEMBLEY DE 1966.

18 JUIN 1972
FINALE DE L'EURO À BRUXELLES
GERD MÜLLER MARQUE DEUX BUTS CONTRE L'URSS, PERMETTANT AINSI À LA RFA DE DEVENIR CHAMPIONNE D'EUROPE.

7 JUILLET 1974
FINALE DE LA COUPE DU MONDE À MUNICH
GERD MÜLLER MARQUE LE BUT DE LA VICTOIRE CONTRE LES PAYS-BAS. LA RFA DEVIENT CHAMPIONNE DE MONDE POUR LA SECONDE FOIS DE SON HISTOIRE.

"MON BUT EN FINALE EST SANS AUCUN DOUTE LE PLUS IMPORTANT (DE LA VICTOIRE DE 1974). MAIS LE PLUS BEAU, C'EST CONTRE L'ANGLETERRE QUE JE L'AI MARQUÉ. GRABOWSKI CENTRE, HANNES LÖHR FAIT UNE REMISE DE LA TÊTE DEVANT LE BUT ET JE MARQUE, LA JAMBE LEVÉE TRÈS HAUT. J'IGNORE ENCORE COMMENT J'AI RÉUSSI À METTRE LE PIED SI HAUT ET À TOUCHER LA BALLE. MAIS C'ÉTAIT BUT !"

FC BAYERN MÜNCHEN

1992
APRÈS UNE RETRAITE COMPLIQUÉE ENTRE 1981 ET 1992, IL RETOURNE FINALEMENT À MUNICH OÙ IL REJOINT BECKENBAUER ET L'ENCADREMENT DU BAYERN.

SON HÉRITAGE

Avec dix buts marqués à la Coupe du monde de 1970 puis 4 en 1974, Gerd Müller a longtemps été le recordman des buts en Coupe du monde. C'est un autre joueur allemand, Miroslav Klose qui détient à présent ce record chez les hommes avec 16 buts. En 8 saisons en équipe nationale, il aura marqué 68 buts en 62 sélections ! Gerd Müller décède le 15 août 2021 à Wolfratshausen, en Allemagne.

JOHAN CRUYFF

EL FACO (LE MAIGRE)

ATTAQUANT
1m80, droitier

CRUYFF
14

DATE DE NAISSANCE
25 AVRIL 1947
AMSTERDAM

PAYS-BAS

PALMARÈS JOUEUR

CLUBS

FEYENOORD CHAMPION DES PAYS-BAS 1984
COUPE DES PAYS-BAS 1984

AJAX AMSTERDAM CHAMPION DES PAYS-BAS
1966, 1967, 1968, 1970, 1972, 1973, 1982, 1983
COUPE DES PAYS-BAS 1967, 1970, 1971, 1972, 1983
COUPE DES CHAMPIONS 1971, 1972, 1973

FC BARCELONE CHAMPION D'ESPAGNE 1974
COUPE D'ESPAGNE 1978

ENTRAÎNEUR

FC BARCELONE COUPE DES CHAMPIONS 1992
COUPE DES COUPES 1989
CHAMPION D'ESPAGNE 1991, 1992, 1994
COUPE D'ESPAGNE 1990

AJAX AMSTERDAM CHAMPION DES PAYS-BAS 1985
COUPE DES PAYS-BAS 1986, 1987

BALLON D'OR

1971, 1973, 1974

« Quand vous jouez un match, il est statistiquement prouvé que les joueurs n'ont la balle que trois minutes en moyenne. Le plus important, c'est donc ce que vous faites pendant ces 87 minutes où vous n'avez pas la balle. C'est ce qui fait que vous êtes un bon joueur ou non. »

1947
Naissance

25 AVRIL 1947
LA FAMILLE CRUYFF ACCUEILLE LE PETIT JOHAN. ILS TIENNENT UN COMMERCE TOUT PRÈS DU STADE DE L'AJAX D'AMSTERDAM.

2 JUIN 1971
L'AJAX D'AMSTERDAM L'EMPORTE 2-0 EN FINALE DE LA COUPE DES CHAMPIONS CONTRE LE PANATHINAÏKOS D'ATHÈNES ENTRAÎNÉ PAR FERENC PUSKÁS.

ÉTÉ 1978
CRUYFF PREND SA RETRAITE APRÈS AVOIR GAGNÉ UNE FOIS LE CHAMPIONNAT ET UNE FOIS LA COUPE D'ESPAGNE AVEC BARCELONE.

1978
31 ans

1978-1984
CONNAISSANT DES PROBLÈMES D'ARGENT LIÉS À DE MAUVAIS INVESTISSEMENTS ET À DES SOUCIS AVEC LE FISC, CRUYFF REPREND DU SERVICE DANS UNE SÉRIE DE CLUBS AUX USA ET EN EUROPE, Y COMPRIS UNE SAISON À L'AJAX AVEC LAQUELLE IL REMPORTE UN NOUVEAU CHAMPIONNAT DES PAYS-BAS, AVANT DE FAIRE DE MÊME AVEC LE FEYENOORD ROTTERDAM L'ANNÉE SUIVANTE.

1960
LE NOUVEAU BEAU-PÈRE DE JOHAN TRAVAILLE DANS LE STADE ET L'EMMÈNE SOUVENT AVEC LUI.

1966
19 ans

1966
CRUYFF REMPORTE SON PREMIER CHAMPIONNAT DES PAYS-BAS AVEC LE CLUB DE L'AJAX EN MARQUANT 25 BUTS EN SEULEMENT 23 MATCHS.

1971
24 ans

C'EST L'ENTRAÎNEUR RINUS MICHELS QUI EST À L'ORIGINE DE CETTE NOUVELLE APPROCHE DU JEU.

1971
CRUYFF ET L'AJAX IMPOSENT LE "FOOTBALL TOTAL" SUR LA SCÈNE EUROPÉENNE GRÂCE À LA RAPIDITÉ DES COURSES ET À LA CAPACITÉ DE JOUER PARTOUT SUR LE TERRAIN.

1971-72-73
L'AJAX AMSTERDAM GAGNE CETTE MÊME COUPE LES DEUX ANNÉES SUIVANTES, CONTRE L'INTER MILAN EN 1972, ET LA JUVENTUS EN 1973.

1ER JUILLET 1973
ARRIVÉE À BARCELONE, OÙ CRUYFF RETROUVE SON ANCIEN ENTRAÎNEUR DE L'AJAX RINUS MICHELS, POUR UN TRANSFERT RECORD DE 2 MILLIONS DE DOLLARS.

1973
26 ans

DÉCEMBRE 1977
CRUYFF EST VICTIME D'UNE TENTATIVE DE KIDNAPPING. IL DÉCLARE FORFAIT POUR LA COUPE DU MONDE 78 EN ARGENTINE.

7 JUILLET 1974
MALGRÉ SON STATUT DE FAVORITE, L'ÉQUIPE DES PAYS-BAS DOIT S'INCLINER EN FINALE DE LA COUPE DU MONDE CONTRE L'ALLEMAGNE DE BECKENBAUER ET MÜLLER.

1985-1988
CRUYFF REVIENT À L'AJAX, MAIS COMME ENTRAÎNEUR CETTE FOIS-CI, AVEC À NOUVEAU PLUSIEURS TITRES À LA CLÉ.

1988-1996
CRUYFF ENTRAÎNE PENDANT 7 SAISONS LE FC BARCELONE AVEC DES JOUEURS COMME LINEKER, STOICHKOV, ROMARIO, FIGO... ET MÊME SON PROPRE FILS JORDI CRUYFF.

2016
GRAND FUMEUR, CRUYFF DÉCÈDE À BARCELONE DES SUITES D'UN CANCER DU POUMON.

LEV YACHINE
L'ARAIGNÉE NOIRE

GOAL
1m89, droitier

DATE DE NAISSANCE
29 OCTOBRE 1929
MOSCOU

URSS

PALMARÈS JOUEUR

ÉQUIPE NATIONALE
CHAMPION OLYMPIQUE 1956
CHAMPION D'EUROPE 1960

CLUBS

DYNAMO MOSCOU — CHAMPION D'URSS 1954, 1955, 1957, 1959, 1963
COUPE D'URSS 1953, 1967, 1970

BALLON D'OR 1963

PARCOURS

Considéré comme le plus grand gardien de but de l'histoire, Lev Yachine a d'abord été champion d'URSS en hockey sur glace. Il est le premier gardien à relancer le jeu dès que possible pour permettre à son équipe de contre-attaquer rapidement. Il décède en 1990.

« Un penalty sauvé est la seule chose qui me rend plus heureux que de voir Youri Gagarine traverser l'espace. »

EUSÉBIO
LA PANTHÈRE NOIRE

ATTAQUANT
1m75, droitier

DATE DE NAISSANCE
25 JANVIER 1942
AFRIQUE ORIENTALE PORTUGAISE

PORTUGAL

PALMARÈS JOUEUR

CLUBS

BENFICA LISBONNE — COUPE D'EUROPE DES CLUBS CHAMPIONS 1962
CHAMPION DU PORTUGAL 1961, 1963, 1964, 1965, 1967, 1968, 1969, 1971, 1972, 1973, 1975
COUPE DU PORTUGAL 1962, 1964, 1969, 1970, 72

MONTERREY — CHAMPION DU MEXIQUE 1976

PARCOURS

Métis né dans une colonie portugaise qui deviendra plus tard le Mozambique, Eusébio da Silva Ferreira, est recruté par le club du Benfica Lisbonne à 18 ans et devient champion du Portugal dès sa première année. En quinze ans, il est onze fois champion, mais n'arrive pas à réitérer ce succès en équipe nationale.
À sa mort en janvier 2015, le gouvernement portugais déclare trois jours de deuil national.

« L'équipe du Benfica a gardé les mêmes joueurs pendant près de dix ans. On se connaissait tellement bien qu'à la fin, on n'avait même pas besoin d'entraîneur. »

DINO ZOFF
SUPERDINO

GOAL
1m82, droitier

DATE DE NAISSANCE
28 FÉVRIER 1942
MARIANO DEL FRIULI

ITALIE

PALMARÈS JOUEUR

ÉQUIPE NATIONALE
CHAMPION DU MONDE 1982
CHAMPION D'EUROPE 1968

CLUBS

JUVENTUS TURIN — CHAMPION D'ITALIE 1973, 1975, 1977, 1978, 1981, 1982
COUPE D'ITALIE 1979, 1983

PARCOURS

Plus vieux capitaine d'une équipe nationale à gagner la Coupe du monde, en 1982, Dino Zoff était à la fois un goal exceptionnel et le premier attaquant de son équipe. Leader sur le terrain, il organise sa défense pour lancer les attaques. Connu pour sa longévité, il raccroche ses crampons à 41 ans le 25 mai 1983 par un but encaissé contre Hambourg en finale de la Coupe d'Europe des Champions.

« J'ai toujours voulu être gardien de but, peut-être parce que le gardien de but est un homme solitaire sur le terrain et que j'aime les sports individuels. »

GEORGE BEST

THE FIFTH BEATLE (LE 5ᴱ BEATLES)

ATTAQUANT
1m75, ambidextre

DATE DE NAISSANCE
22 MAI 1946
BELFAST

ULSTER

PALMARÈS JOUEUR

CLUBS

MANCHESTER UTD CHAMPION D'ANGLETERRE 1965, 1967
COUPE DES CHAMPIONS 1968

BALLON D'OR 1968

PARCOURS

Ayant débuté à 17 ans dans l'équipe première de Manchester United, George Best devient rapidement la plus grande star du football britannique des années 60 pour sa vivacité, ses dribbles irrésistibles et son sens du but. Il se fait aussi remarquer par ses excès hors du terrain : alcool, femmes, jeu, drogues… qui lui font négliger sa forme physique et ses entraînements. Il est renvoyé de Manchester Utd à 27 ans.

« En 1969, j'ai arrêté les femmes et l'alcool, ça a été les 20 minutes les plus dures de ma vie. »

KEVIN KEEGAN

MIGHTY MOUSE (SUPER-SOURIS)

ATTAQUANT
1m73, droitier

DATE DE NAISSANCE
14 FÉVRIER 1951
ARMTHROPE

ANGLETERRE

PALMARÈS JOUEUR

CLUBS

LIVERPOOL FC CHAMPION D'ANGLETERRE 1973, 1976, 1977
COUPE D'ANGLETERRE 1974
COUPE UEFA 1973, 1976
COUPE DES CHAMPIONS 1977

HAMBURGER SV CHAMPION D'ALLEMAGNE 1979

BALLON D'OR 1978, 79

PARCOURS

Ayant fait ses débuts professionnels comme milieu de terrain dans un club de 4ᵉ division, Kevin Keegan est remarqué par l'entraîneur du Liverpool FC qui le repositionne en attaque, poste où il va briller d'abord à Liverpool puis en Allemagne. Malchanceux comme joueur en équipe nationale, en particulier avec une grave blessure au dos lors de la Coupe du monde 1992 en Espagne, il mène comme sélectionneur l'équipe nationale anglaise pour le championnat d'Europe 2000, sans parvenir à convaincre.

« En tant qu'entraîneur, vous avez toujours un revolver sur la tempe, la question c'est de savoir s'il est chargé ou non. »

OLEG BLOKHINE

LA FLÈCHE UKRAINIENNE

ATTAQUANT
1m80, gaucher

DATE DE NAISSANCE
5 NOVEMBRE 1952
KIEV

URSS/UKRAINE

PALMARÈS JOUEUR

CLUBS

DINAMO KIEV CHAMPION D'URSS 1974, 1975, 1977, 1980, 1981, 1985, 1986
COUPE D'URSS 1974, 1978, 1992, 1985, V87
COUPE D'EUROPE DES VAINQUEURS DE COUPE 1975, 1986

BALLON D'OR 1975

PARCOURS

Légende du Dinamo Kiev qu'il conduit à deux victoires en Coupe d'Europe grâce à son sens aigu du but, il jouit d'une très longue carrière au plus haut niveau puisqu'il continue à jouer jusqu'à l'âge de 38 ans. Il entame ensuite une seconde carrière d'entraîneur, d'abord en club puis comme sélectionneur de l'équipe nationale ukrainienne à deux reprises avant de prendre la tête du Dinamo Kiev pour deux saisons.

« Plus il y aura de joueurs ukrainiens dans le championnat national et plus cela fera d'exemples à suivre pour les jeunes Ukrainiens. »

MICHEL PLATINI
PLATOCHE

MILIEU DE TERRAIN
1m78, droitier

PLATINI
10

DATE DE NAISSANCE
21 JUIN 1955
JŒUF (MEURTHE-ET-MOSELLE)

FRANCE
PALMARÈS

ÉQUIPE NATIONALE
CHAMPION D'EUROPE 1984

CLUBS

JUVENTUS DE TURIN FC	COUPE DES CHAMPIONS 1985 COUPE DES COUPES 1984 CHAMPION D'ITALIE 1984 ET 1985 COUPE D'ITALIE 1983
AS SAINT-ÉTIENNE	CHAMPION DE FRANCE 1981
AS NANCY-LORRAINE	COUPE DE FRANCE 1978

BALLON D'OR
1983, 1984, 1985

PRÉSIDENT DE L'UEFA
2007 - 2015

« Les Allemands, quand ils sont mauvais ils vont en finale, quand ils sont bons, ils gagnent. »

1955
Naissance

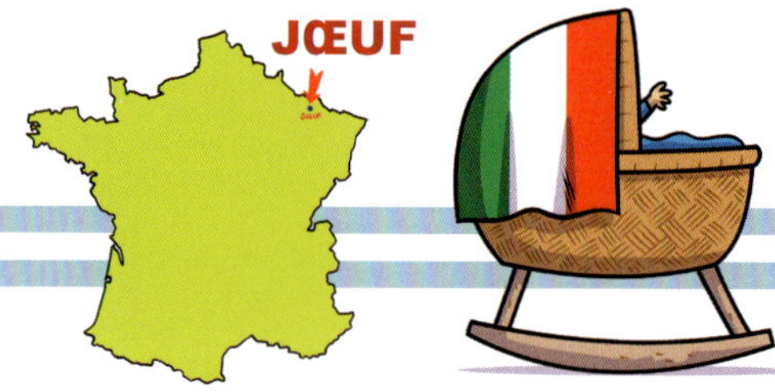

21 JUIN 1955
NAISSANCE DANS L'EST DE LA FRANCE DANS UNE FAMILLE D'ORIGINE ITALIENNE.

1982
27 ans

8 JUILLET 1982 : "NUIT DE SÉVILLE" MICHEL PLATINI ÉGALISE SUR PENALTY À LA 27E MINUTE DANS UN MATCH QUI RESTERA COMME L'UN DES PLUS PASSIONNANTS DE L'HISTOIRE DU FOOTBALL. PENDANT CETTE DEMI-FINALE DE COUPE DU MONDE PERDUE PAR LA FRANCE FACE À LA RFA, LE LIBERO PATRICK BATTISTON EST SAUVAGEMENT AGRESSÉ PAR LE GARDIEN ALLEMAND.

JUVENTUS

18 AOÛT 1982
PREMIER BUT D'UNE LONGUE SÉRIE SOUS LE MAILLOT DE LA JUVENTUS DE TURIN, CONTRE CATANE EN COUPE D'ITALIE.

17 MAI 1987
DERNIER MATCH COMME JOUEUR AVEC LA JUVENTUS DE TURIN CONTRE BRECCIA : 5 SAISONS, 183 MATCHS, 87 BUTS.

1987
32 ans

1988
33 ans

1ER NOVEMBRE 1988
MICHEL PLATINI EST NOMMÉ SÉLECTIONNEUR DE L'ÉQUIPE DE FRANCE, MAIS NE RÉUSSIT PAS À LA QUALIFIER POUR LA COUPE DU MONDE 1990 EN ITALIE. MALGRÉ UNE QUALIFICATION POUR L'EURO 1992 EN SUÈDE, LES BLEUS N'ARRIVENT PAS À PASSER LE 1ER TOUR.

APRÈS LE FOOTBALL... ENCORE DU FOOTBALL !

Entre 1992 et 1998, Michel Platini est coprésident du comité d'organisation de la Coupe du monde en France, il devient ensuite conseiller de Sepp Blatter à la présidence de la FIFA tout en exerçant des responsabilités à la Fédération française de football. Élu président de l'UEFA en 2007, il est obligé de démissionner de son poste en 2015, emporté par l'enquête sur le haut degré de corruption mis en place par Sepp Blatter au sein de la FIFA. Il sera blanchi par un tribunal suisse en 2022 pour manque de preuves dans l'affaire du versement de 2 millions d'euros par Blatter à son profit en 2011.

DIEGO MARADONA

EL PIBE DE ORO (LE GAMIN EN OR)

MILIEU OFFENSIF
1m65, gaucher

DATE DE NAISSANCE
30 OCTOBRE 1960
RÉGION DE BUENOS AIRES

— ARGENTINE —

PALMARÈS JOUEUR

ÉQUIPE NATIONALE
CHAMPION DU MONDE 1986

CLUBS

SSC NAPLES	COUPE UEFA 1989 COUPE ITALIE 1987 CHAMPION D'ITALIE 1987, 1990
FC BARCELONE	COUPE DU ROI, COUPE DE LA LIGUE, SUPERCOUPE D'ESPAGNE 1983
BOCA JUNIORS	CHAMPION D'ARGENTINE 1981

BALLON D'OR D'HONNEUR 1995

« Arriver dans la surface de réparation et ne pas pouvoir tirer au but, c'est comme danser avec sa sœur. »

1960
Naissance

30 OCTOBRE 1960
NAISSANCE PRÈS DE BUENOS AIRES, EN ARGENTINE, DANS UNE FAMILLE TRÈS MODESTE, SON PÈRE TRAVAILLE SUR DES CHANTIERS DE CONSTRUCTION.

1984
MARADONA EST TRANSFÉRÉ AU SSC NAPOLI, PETIT CLUB ITALIEN, POUR 12 MILLIONS DE DOLLARS, C'EST UN RECORD MONDIAL.

1986
26 ANS

1986
LE NOUVEAU MANAGER DE MARADONA, GUILLERMO COPPOLA, ÉTANT TRÈS LIÉ À DES FIGURES DE LA MAFIA NAPOLITAINE, LA CAMORRA, DE NOMBREUSES RUMEURS COMMENCENT À CIRCULER SUR LES LIENS DE MARADONA AVEC LE CRIME ORGANISÉ.

8 JUILLET 1990
DANS UN REPLAY DE LA FINALE DE 1986, L'ARGENTINE ET LA RFA SE RENCONTRENT DE NOUVEAU EN FINALE DE LA COUPE DU MONDE, CETTE FOIS À ROME. ET C'EST L'ALLEMAGNE QUI L'EMPORTE À L'ISSUE D'UN MATCH SANS INTÉRÊT ET À L'ARBITRAGE DOUTEUX...

1990-2019
VICTIME DE NOMBREUX PROBLÈMES DE SANTÉ, MAIS AUSSI JUDICIAIRES AVEC LE FISC ITALIEN, MARADONA RETOURNE EN ARGENTINE APRÈS UN PASSAGE PAR LE FC SÉVILLE. IL DEVIENT ENSUITE ENTRAÎNEUR DE L'ÉQUIPE NATIONALE POUR LA COUPE DU MONDE 2010. APRÈS DUBAÏ, IL EST ENSUITE ENTRAÎNEUR DU CLUB GIMNASIA Y ESGRIMA LA PLATA EN 1RE DIVISION DU CHAMPIONNAT ARGENTIN.

1976

16 ANS

1976
DÉBUTS PROFESSIONNELS AVEC LE CLUB **ARGENTINOS JUNIORS** DE BUENOS AIRES. LE JEUNE MARADONA SE FAIT REMARQUER PAR SON TALENT ET LE PLAISIR QU'IL APPORTE AU PUBLIC.

1982

22 ANS

2 JUILLET 1982
DANS UN MATCH RUGUEUX CONTRE LE BRÉSIL EN COUPE DU MONDE, MARADONA EST EXPULSÉ POUR AVOIR DONNÉ UN COUP DE PIED DANS LE VENTRE DU BRÉSILIEN BATISTA, SA RÉPUTATION DE MAUVAIS GARÇON EST LANCÉE.

BLESSÉ PLUSIEURS FOIS, IL PASSE PLUS DE TEMPS DANS LES BOÎTES DE NUIT QUE SUR LE TERRAIN.

1982-1984
TRANSFÉRÉ AU FC BARCELONE POUR LA SOMME RECORD À L'ÉPOQUE DE 7 MILLIONS DE DOLLARS, MARADONA Y FAIT UN PASSAGE EN DEMI-TEINTE, PEU HABITUÉ À L'AGRESSIVITÉ DES DÉFENSEURS ESPAGNOLS.

22 JUIN 1986 – COUPE DU MONDE
LE QUART DE FINALE CONTRE L'ANGLETERRE EST UN DES MATCHS LES PLUS ATTENDUS DU TOURNOI. LES DEUX BUTS DE MARADONA RESTERONT DANS L'HISTOIRE...

... À LA 51^{E} MINUTE, IL REPREND DE LA MAIN UNE PASSE RATÉE D'UN DÉFENSEUR ANGLAIS. L'ARBITRE NE VOIT PAS LA FAUTE. CE BUT RENTRERA DANS L'HISTOIRE SOUS LE NOM DE "MANO DE DIOS", LA MAIN DE DIEU...

... 4 MINUTES PLUS TARD, MARADONA MARQUE UN DES PLUS BEAUX BUTS DE L'HISTOIRE, UN BUT QUI SERA CONNU SOUS LE NOM DE "BUT DU SIÈCLE", EN DRIBBLANT QUATRE DÉFENSEURS ET LE GARDIEN ANGLAIS DANS UNE COURSE DE PLUS DE 60 MÈTRES !

1989

29 ANS

17 MAI 1989
LE SCC NAPOLI REMPORTE SA PREMIÈRE COUPE D'EUROPE (LA COUPE UEFA) CONTRE STUTTGART.

29 JUIN 1986
FINALE ARGENTINE-ALLEMAGNE
C'EST GRÂCE À UNE MAGNIFIQUE PASSE DE MARADONA QUE JORGE BURRACHAGA MARQUE LE 3^{E} BUT ARGENTIN QUI PERMET À SON ÉQUIPE DE REMPORTER SA SECONDE COUPE DU MONDE.

25 NOVEMBRE 2020
MARADONA DÉCÈDE D'UN ARRÊT DU COEUR. SON CERCUEIL EST EXPOSÉ DANS LE PALAIS PRÉSIDENTIEL ARGENTIN OÙ DES DIZAINES DE MILLIERS DE SUPPORTERS VIENNENT LUI RENDRE UN DERNIER HOMMAGE.

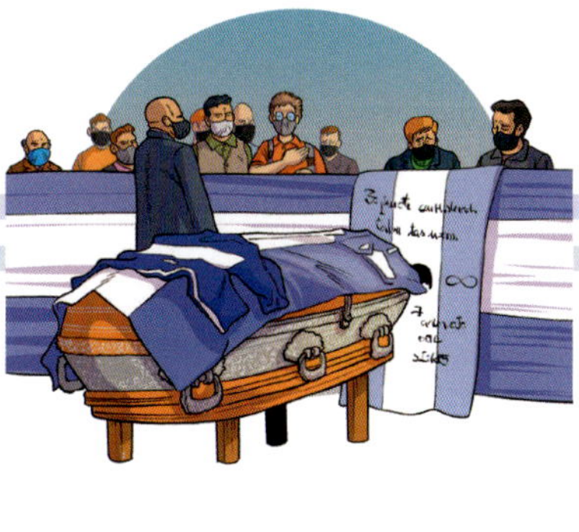

SON HÉRITAGE

Des milliards de gamins rêvent de gagner la Coupe du monde, lui l'a fait. Il est devenu le héros d'une ville d'adoption, Naples, et de toute une région qui se sentait écrasée par l'Italie du Nord, riche, arrogante, et dont les richissimes clubs de football, le Milan AC et l'Inter à Milan, la Juventus et le Torino à Turin, ne laissaient que des miettes aux supporters du Sud qu'ils couvraient de leur mépris. Mais la drogue et la vie facile ont eu raison du héros, qui a connu les hauts les plus hauts et les bas les plus bas…

RUUD GULLIT
LA TULIPE NOIRE

MILIEU OFFENSIF, ATTAQUANT
1m91, droitier

GULLIT
10

DATE DE NAISSANCE
1ER SEPTEMBRE 1962
AMSTERDAM

PAYS-BAS

PALMARÈS JOUEUR

CLUBS

MILAN AC	CHAMPION D'ITALIE 1988, 1992, 1993 CHAMPION D'EUROPE 1989, 1990
CHELSEA FC	CHAMPION D'ANGLETERRE 1997
PSV EINDHOVEN	CHAMPION DES PAYS-BAS 1986, 1987
FEYENOORD	CHAMPION DES PAYS-BAS 1984

ÉQUIPE NATIONALE
CHAMPION D'EUROPE 1988

ENTRAÎNEUR
CHELSEA FC FA CUP 1997

BALLON D'OR
1987

« J'aime les joueurs têtus. Au moins, ils ont une opinion. Qu'ils aient tort ou raison, cela n'a pas d'importance pour moi. »

1962
Naissance

1ER SEPTEMBRE 1962
LE PETIT RUUD NAÎT À AMSTERDAM D'UN PÈRE ISSU DE LA GUYANE NÉERLANDAISE, UNE COLONIE QUI DEVIENDRA LE SURINAME À SON INDÉPENDANCE EN 1975.

25 JUIN 1988
MARCO VAN BASTEN ET RUUD GULLIT SONT LES DEUX BUTEURS DE LA FINALE DE L'EURO 1988 CONTRE L'UNION SOVIÉTIQUE. GULLIT MARQUE UN MAGNIFIQUE BUT DE LA TÊTE À LA 33E MINUTE.

17 MAI 1997
C'EST À CHELSEA, ET AU POSTE D'ENTRAÎNEUR, QU'IL OBTIENT SON DERNIER TROPHÉE : LA COUPE D'ANGLETERRE AVEC UNE VICTOIRE 2-0 CONTRE MIDDLESBOROUGH.

1978
16 ans

1960
IL DEVIENT LE PLUS JEUNE JOUEUR DE L'HISTOIRE DE LA PREMIÈRE DIVISION DES PAYS-BAS AVEC LE HFC HAARLEM.

1983
21 ans

1983
RUUD GULLIT EST TRANSFÉRÉ AU CLUB DE FEYENOORD ROTTERDAM OÙ IL RÉALISE UNE ANNÉE 83-84 EXCEPTIONNELLE AVEC COMME PARTENAIRE JOHAN CRUYFF.

1985-1987
IL REJOINT LE CLUB DU PSV EINDHOVEN POUR DEUX SAISONS ET PERMET À SON NOUVEAU CLUB DE REMPORTER DEUX FOIS DE SUITE LE CHAMPIONNAT DES PAYS BAS.

1987
25 ans

1ER JUILLET 1987
IL EST RECRUTÉ PAR LE MILAN AC DU MILLIARDAIRE ITALIEN BERLUSCONI. AVEC MARCO VAN BASTEN, IL PERMET AU CLUB DE REMPORTER LE CHAMPIONNAT.

1988-1993
LE DUO DE STARS NÉERLANDAISES DU MILAN AC, DEVENU TRIO AVEC L'ARRIVÉE DE RIJKGAARD, UN AMI D'ENFANCE DE RUUD, REMPORTE DEUX CHAMPIONNATS D'EUROPE ET DE NOUVEAU DEUX CHAMPIONNATS D'ITALIE.

IL EST LE PREMIER (ET POUR L'INSTANT SEUL) CAPITAINE D'UNE ÉQUIPE NÉERLANDAISE À SOULEVER UN TROPHÉE INTERNATIONAL.

1995
GULLIT REJOINT LE CLUB LONDONIEN DE CHELSEA POUR DEUX SAISONS ET DEVIENT, EN 1996, ENTRAÎNEUR/ JOUEUR.

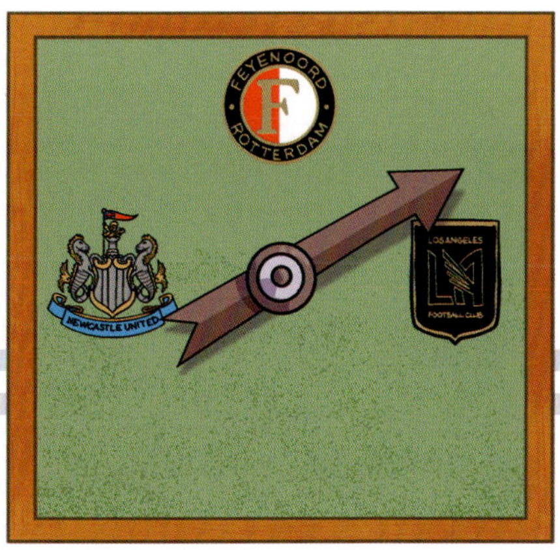

2007
10 ANS APRÈS SON DÉPART DE CHELSEA EN 1998, IL FERA QUELQUES BREFS PASSAGES COMME ENTRAÎNEUR À NEWCASTLE, FEYENOORD ET LOS ANGELES. IL EST ACTUELLEMENT CONSULTANT À LA BBC POUR LES MATCHS INTERNATIONAUX.

SON HÉRITAGE

Joueur polyvalent, souvent milieu offensif, mais aussi défenseur ou attaquant, il fut l'un des plus convaincants pratiquants du style de jeu hollandais : le "football total".
Sa taille et sa force physique combinées à une intelligence du jeu hors norme en font un des plus grands joueurs de tous les temps, très souvent récompensé.

ÉRIC CANTONA

KING ÉRIC (LE ROI ÉRIC)

ATTAQUANT

1m88, droitier

CANTONA 11	CANTONA 7
ÉQUIPE DE FRANCE	MANCHESTER U.

DATE DE NAISSANCE
24 MAI 1966
MARSEILLE

FRANCE

PALMARÈS JOUEUR
CLUBS

MANCHESTER UNITED	CHAMPION D'ANGLETERRE 1993, 1994, 1996, 1997 COUPE D'ANGLETERRE 1994, 1996
LEEDS UNITED	CHAMPION D'ANGLETERRE 1992
OLYMPIQUE DE MARSEILLE	CHAMPION DE FRANCE 1989, 1991
MONTPELLIER HSC	COUPE DE FRANCE 1990

BEACH SOCCER
CHAMPION DU MONDE 2005

« Quand les mouettes suivent un chalutier, c'est qu'elles pensent qu'on va leur jeter des sardines. »

1966
Naissance

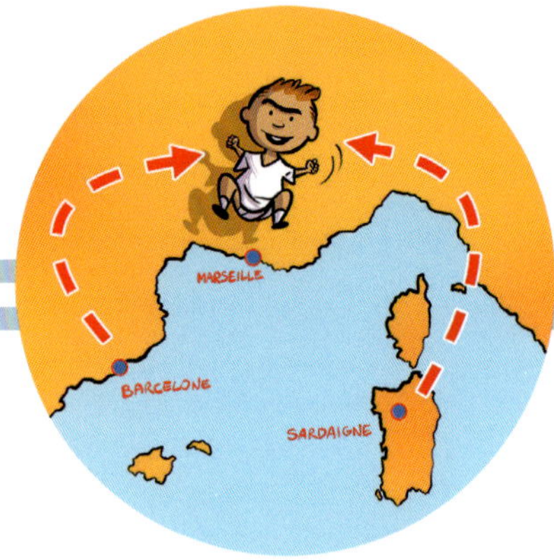

24 MAI 1966
LE PETIT ÉRIC VOIT LE JOUR DANS UNE FAMILLE D'IMMIGRÉS, DE SARDAIGNE DU CÔTÉ DE SA MÈRE ET DE CATALOGNE DU CÔTÉ DE SON PÈRE.

1992-1994
MALGRÉ PLUSIEURS SUSPENSIONS POUR SON COMPORTEMENT COLÉRIQUE AVEC CERTAINS ARBITRES ET JOUEURS ADVERSES, CANTONA EST L'HOMME-CLÉ DU SUCCÈS DE MANCHESTER UNITED, SOUS LA DIRECTION DE SIR ALEX FERGUSON. IL REMPORTE LE CHAMPIONNAT ANGLAIS DEUX FOIS DE SUITE ET RÉALISE MÊME UN DOUBLÉ AVEC LA COUPE EN 1994.

2005
39 ans

15 MAI 2005
ENTRAÎNEUR-JOUEUR DE L'ÉQUIPE DE FRANCE DE BEACH-SOCCER, IL REMPORTE LA PREMIÈRE COUPE DU MONDE ORGANISÉE PAR LA FIFA, À RIO DE JANEIRO.

1981
C'EST À L'AJ AUXERRE QU'ÉRIC CANTONA DÉMARRE SA FORMATION DE JOUEUR PROFESSIONNEL SOUS LA SUPERVISION DE GUY ROUX, UN DES PLUS CÉLÈBRES ENTRAÎNEURS FRANÇAIS.

1981
15 ANS

1988-1991
EN CONTRAT AVEC MARSEILLE, IL EST PRÊTÉ À PLUSIEURS CLUBS : BORDEAUX, MONTPELLIER, PUIS NÎMES. IL DÉCIDE D'ABANDONNER LE FOOTBALL EN 1991.

1991
25 ans

26 NOVEMBRE 1992
APRÈS DES DIFFÉRENTS AVEC LE MANAGEMENT DE LEEDS, CANTONA EST REVENDU AU CLUB RIVAL DE MANCHESTER UNITED. DÈS SON ARRIVÉE, LE CLUB REMONTE DANS LE CLASSEMENT ET REMPORTE LE CHAMPIONNAT ANGLAIS. CANTONA DEVIENT "KING ERIC" !

1992
ARRIVÉ EN ANGLETERRE À LA MI-SAISON SUR LES CONSEILS DE MICHEL PLATINI, SÉLECTIONNEUR DE L'ÉQUIPE DE FRANCE, CANTONA REMPORTE LE CHAMPIONNAT D'ANGLETERRE DÈS SA PREMIÈRE SAISON AVEC LEEDS UNITED.

1993
27 ans

17 NOVEMBRE 1993
FRANCE-BULGARIE
CANTONA, QUI A EU SOUVENT DES PROBLÈMES AVEC LES SÉLECTIONNEURS DE L'ÉQUIPE DE FRANCE, MARQUE LE SEUL BUT FRANÇAIS À LA 32ᴱ MINUTE…

… MAIS NE PEUT PAS EMPÊCHER SON ÉQUIPE DE PERDRE À LA TOUTE DERNIÈRE MINUTE. LA FRANCE N'EST PAS QUALIFIÉE POUR LA PHASE FINALE DE LA COUPE DU MONDE POUR LA 2ᴱ FOIS DE SUITE.

15 JANVIER 1995
"KUNG-FU ÉRIC" EST EXPULSÉ PAR L'ARBITRE, EN SORTANT DU TERRAIN, IL FRAPPE VIOLEMMENT UN SPECTATEUR QUI L'AVAIT INSULTÉ. L'AFFAIRE FAIT SCANDALE ET ON LUI INTERDIT DE JOUER PENDANT 8 MOIS. EN SON ABSENCE, MANCHESTER ÉCHOUE DE JUSTESSE À REMPORTER UN TROISIÈME TITRE D'AFFILÉE.

JUILLET 1997
APRÈS DEUX NOUVEAUX TITRES DE CHAMPION ET UNE SECONDE COUPE AVEC MANCHESTER, CANTONA DÉCIDE D'ARRÊTER À NOUVEAU LE FOOTBALL.

2009
43 ans

18 MAI 2009
LE FILM *LOOKING FOR ÉRIC* DE KEN LOACH EST PRÉSENTÉ AU FESTIVAL DE CANNES. DEPUIS 1995, CANTONA FAIT DES APPARITIONS RÉGULIÈRES COMME ACTEUR AU CINÉMA, À LA TÉLÉVISION OU AU THÉÂTRE.

GEORGE WEAH

MISTER GEORGE

ATTAQUANT

1m84, droitier

MILAN A.C.

DATE DE NAISSANCE
1ER OCTOBRE 1966
MONROVIA

LIBERIA

PALMARÈS JOUEUR
CLUBS

CHELSEA FC	COUPE D'ANGLETERRE 2000
MILAN AC	CHAMPION D'ITALIE 1996, 1999
PARIS-SAINT-GERMAIN	CHAMPION DE FRANCE 1994 COUPE DE FRANCE 1993, 1995 COUPE DE LA LIGUE 1995
A S MONACO	COUPE DE FRANCE 1991

BALLON D'OR 1995

« Au football, il y a toujours quelqu'un sur le banc des remplaçants qui est prêt à prendre votre place. »

1966
Naissance

24 MAI 1966
GEORGE WEAH NAÎT AU LIBERIA, UN PETIT PAYS D'AFRIQUE DE L'OUEST CRÉÉ AU XIXE SIÈCLE POUR ACCUEILLIR DES ESCLAVES NOIRS AFFRANCHIS EN PROVENANCE DES USA.

1ER JUILLET 1995
GEORGE WEAH REJOINT L'AC MILAN DE SILVIO BERLUSCONI, QUI DEVIENDRA PLUS TARD LE PREMIER MINISTRE ITALIEN.

26 DÉCEMBRE 2017
APRÈS TROIS TENTATIVES SANS SUCCÈS, GEORGE WEAH EST ÉLU PRÉSIDENT DU LIBERIA AVEC 61,5 % DES VOIX AU SECOND TOUR SUR UN PROGRAMME PROGRESSISTE : INVESTISSEMENTS DANS LES INFRASTRUCTURES, UNIVERSITÉ GRATUITE, LIBERTÉS PUBLIQUES....

18 JUIN 1991
GEORGE WEAH ET L'AS MONACO REMPORTENT LA COUPE DE FRANCE CONTRE L'OLYMPIQUE DE MARSEILLE.

15 AOÛT 1992
PREMIER MATCH AVEC LE PARIS SAINT-GERMAIN CONTRE SOCHAUX.

23 NOVEMBRE 1994
CONTRE LE BAYERN MUNICH, GEORGE WEAH MARQUE UN BUT D'ANTHOLOGIE À LA 80e MINUTE. C'EST L'APOTHÉOSE DE 3 ANNÉES PASSÉES À PARIS AVEC 1 TITRE DE CHAMPION, 2 COUPES DE FRANCE ET UNE COUPE DE LA LIGUE.

26 DÉCEMBRE 1995
WEAH REÇOIT LE BALLON D'OR, C'EST LE PREMIER JOUEUR NON EUROPÉEN À ÊTRE SACRÉ.

2002
GEORGE WEAH RACCROCHE SON MAILLOT APRÈS UNE FIN DE CARRIÈRE DE GLOBE-TROTTER DU FOOTBALL.

23 MAI 1999
GEORGE WEAH DEVIENT POUR LA SECONDE FOIS CHAMPION D'ITALIE AVEC LE MILAN AC.

LE LIBERIA EST UN DES PAYS LES PLUS PAUVRES DU MONDE ET RESTE TRÈS DÉPENDANT DE L'AIDE INTERNATIONALE QUE LE PRÉSIDENT WEAH DOIT SANS RELÂCHE ALLER JUSTIFIER AUPRÈS DES GRANDES PUISSANCES.

ZICO
LE PELÉ BLANC

MILIEU OFFENSIF
1m72, ambidextre

DATE DE NAISSANCE
3 MARS 1953
RIO DE JANEIRO

BRÉSIL

PALMARÈS JOUEUR

CLUBS

FLAMENGO	CHAMPION DU BRÉSIL 1980, 1982, 1983, 1987 COUPE D'AMÉRIQUE DU SUD 1981
KASHIMA ANTLERS	CHAMPION DU JAPON 1993

ENTRAÎNEUR

ÉQUIPE NATIONALE JAPON	COUPE D'ASIE 2004
FENERBAHCE	CHAMPION DE TURQUIE 2008

PARCOURS

Zico est une légende du football brésilien qui a effectué la très grande majorité de sa carrière de joueur dans un seul club, le Flamengo de Rio de Janeiro, avec lequel il a dominé le championnat brésilien dans les années 80. Souvent sélectionné comme joueur en équipe nationale brésilienne, c'est pourtant comme entraîneur de l'équipe nationale du Japon qu'il remporte son seul titre international.

« Ma philosophie, c'est de toujours jouer vers l'avant, parce que le but, c'est la raison d'être du football. »

DOMINIQUE ROCHETEAU
L'ANGE VERT

ATTAQUANT
1m77, droitier

DATE DE NAISSANCE
14 JANVIER 1955
SAINTES

FRANCE

PALMARÈS JOUEUR

ÉQUIPE NATIONALE
CHAMPION D'EUROPE 1984

CLUBS

SAINT-ÉTIENNE	CHAMPION DE FRANCE 1974, 1975, 1976 COUPE DE FRANCE 1977
PARIS-SAINT-GERMAIN	CHAMPION DE FRANCE 1986 COUPE DE FRANCE 1982, 1983

PARCOURS

Malgré des débuts compliqués à Saint-Étienne avec plusieurs blessures, Dominique Rocheteau devient vite une des légendes du club, en particulier lors de l'épopée européenne de la saison 75/76. Bien que perdante lors de la finale à Glasgow contre le Bayern de Munich, l'équipe reçoit un accueil triomphal à son retour en France. Après un passage par le Paris-Saint-Germain, il termine sa carrière au Toulouse FC.

« La violence est une forme de faiblesse. »

JEAN-PIERRE PAPIN
JPP

ATTAQUANT
1m76, droitier

DATE DE NAISSANCE
5 NOVEMBRE 1963
BOULOGNE-SUR-MER

FRANCE

PALMARÈS JOUEUR

CLUBS

BRUGES KV	CHAMPION DE BELGIQUE 1986
OLYMPIQUE DE MARSEILLE	CHAMPION DE FRANCE 1989, 1990, 1991, 1992 COUPE DE FRANCE 1989
AC MILAN	CHAMPION D'ITALIE 1993, 1994 LIGUE DES CHAMPIONS 1994
FC BAYERN MUNICH	COUPES DES COUPES 1996

BALLON D'OR 1991

PARCOURS

Célèbre pour ses tirs de loin, ses reprises de volée et ses tirs acrobatiques (les "papinades"), Jean Pierre Papin est un des meilleurs avants-centres de l'histoire du foot français. C'est en 1994 qu'il explose sur la scène internationale lors de son transfert record de l'Olympique de Marseille vers le Milan AC, équipe avec laquelle il gagne la Ligue des Champions. En 2004, il entame une carrière d'entraîneur toujours en cours.

"Jusqu'ici, seulement 10 % de ce qui est réellement arrivé à l'OM (sous Bernard Tapie) a été révélé publiquement."

MARCO VAN BASTEN
THE UTRECHT SWAN (LE CYGNE)

ATTAQUANT
1m88, droitier

DATE DE NAISSANCE
31 OCTOBRE 1964
UTRECHT

PAYS-BAS

PALMARÈS JOUEUR

ÉQUIPE NATIONALE
CHAMPION D'EUROPE 1988

CLUBS

AJAX AMSTERDAM	CHAMPION DES PAYS-BAS 1982, 1983, 1985 COUPE DES PAYS-BAS 1983, 1986, 1987
MILAN AC	CHAMPION D'ITALIE 1988, 1992, 1993 COUPE DES CHAMPIONS 1989, 1990

BALLON D'OR 1988, 89, 92

PARCOURS

Joueur décisif pour l'Ajax d'Amsterdam, avec lequel il domine le championnat hollandais, puis pour le Milan AC, avec lequel il domine le championnat italien et la coupe des clubs champions, Van Basten souffre malheureusement de plusieurs blessures à la cheville et doit arrêter sa carrière de joueur à seulement 28 ans. Il fera ensuite un passage remarqué comme sélectionneur de l'équipe nationale.

« Le football est un sport de contact. Être dur fait aussi partie du jeu. »

ROMÀRIO
O BAIXINHO (LE PETIT)

ATTAQUANT
1m69, droitier

DATE DE NAISSANCE
29 JANVIER 1966
RIO DE JANEIRO

BRÉSIL

PALMARÈS JOUEUR

ÉQUIPE NATIONALE
CHAMPION DU MONDE 1994
COPA AMÉRICA 1989, 1997

CLUBS

FC BARCELONE	CHAMPION D'ESPAGNE 1994
PSV EINDHOVEN	CHAMPION DES PAYS-BAS 1989, 1991, 1992 COUPE DES PAYS-BAS 1989, 1990, V91
REGATAS VASCO DA GAMA	CHAMPION DU BRÉSIL 2000

PARCOURS

Nommé meilleur joueur de la Coupe du monde 1994, Romàrio est un des plus grands buteurs de l'histoire de l'équipe nationale du Brésil avec Pelé, Ronaldo et Neymar Jr. En 1994, il remporte aussi le titre de footballeur de l'année décerné par la FIFA après son arrivée au FC Barcelone de Johan Cruyff. À partir de 2010, il entame une carrière politique au Brésil.

« Il n'y a rien que j'aime plus que le football… à part le sexe ! »

ROBERTO BAGGIO
IL DIVIN CODINO
(LA QUEUE DE CHEVAL DIVINE)

MILIEU OFFENSIF
1m74, droitier

DATE DE NAISSANCE
18 FÉVRIER 1967
CALDOGNO

ITALIE

PALMARÈS JOUEUR

CLUBS

JUVENTUS TURIN	CHAMPION D'ITALIE 1995 COUPE D'ITALIE 1995 COUPE UEFA 1993
MILAN AC	CHAMPION D'ITALIE 1996

BALLON D'OR 1993

PARCOURS

Accro au football dès son plus jeune âge, Roberto Baggio rejoint l'élite du football italien à la Juventus de Turin en 1990. Couronné plusieurs fois, il remporte même le championnat italien l'année de son départ de la Juventus pour le Milan AC où il gagne de nouveau le championnat l'année de son arrivée. Il participe à trois Coupes du monde en 1990, 1994 et 1998 et à chaque fois l'équipe nationale italienne est éliminée aux tirs au but.

« Il est toujours mieux de faire courir le ballon. Le ballon, lui ne transpire pas. »

ZINEDINE ZIDANE

ZIZOU

MILIEU OFFENSIF

1m85, droitier

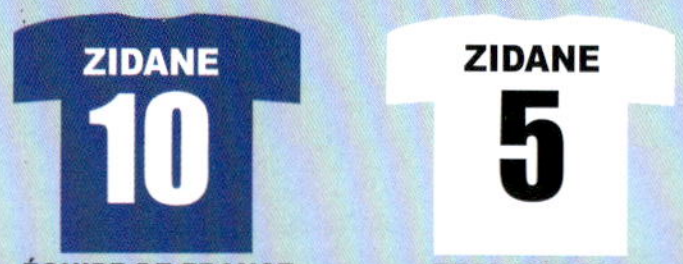

ÉQUIPE DE FRANCE | REAL MADRID

DATE DE NAISSANCE
23 JUIN 1972
MARSEILLE

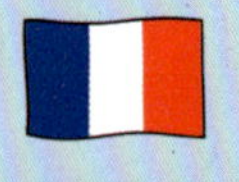

FRANCE

ÉQUIPE NATIONALE
CHAMPION DU MONDE 1998
CHAMPION D'EUROPE 2000

PALMARÈS JOUEUR

CLUBS

REAL MADRID CHAMPION D'ESPAGNE 2003
LIGUE DES CHAMPIONS 2002

JUVENTUS TURIN CHAMPION D'ITALIE 1997, 1998

ENTRAÎNEUR

REAL MADRID CHAMPION D'ESPAGNE 2017
LIGUE DES CHAMPIONS 2016, 2017, 2018

BALLON D'OR
1998

« Les performances individuelles, ce n'est pas le plus important. On gagne et on perd en équipe. »

1972
Naissance

23 JUIN 1972
ZINEDINE ZIDANE NAÎT À MARSEILLE. SON PÈRE, SMAÏL, EST VENU D'ALGÉRIE POUR TRAVAILLER DANS LE BÂTIMENT.

1996-2001
LA JUVENTUS DOMINE LE CHAMPIONNAT ITALIEN SANS TOUTEFOIS RÉUSSIR À S'IMPOSER EN LIGUE DES CHAMPIONS AU NIVEAU EUROPÉEN. SES PRINCIPAUX COÉQUIPIERS SONT DIDIER DESCHAMPS, ALESSANDRO DEL PIERO ET THIERRY HENRY...

2001-2006
ZIDANE QUITTE LA JUVENTUS POUR LE REAL DE MADRID OÙ IL JOUE AVEC DE NOMBREUSES STARS COMME LUIS FIGO, BECKHAM, RAÙL, RONALDO, OWEN, ROBERTO CARLOS OU MAKÉLÉLÉ. ON LES SURNOMME ***LES GALACTICOS.***

9 JUILLET 2006 - FINALE DE LA COUPE DU MONDE À BERLIN
ZIDANE EST EXPULSÉ À LA 110ᴱ MINUTE APRÈS UN COUP DE TÊTE SUR L'ITALIEN MATERAZZI. LA FRANCE SE RETROUVE À 10 ET PERD AUX PENALTYS. SA CARRIÈRE INTERNATIONALE SE TERMINE SUR UN GESTE IMPARDONNABLE.

1991

19 ans

10 FÉVRIER 1991
ZIDANE MARQUE SON PREMIER BUT PRO AVEC L'A S CANNES.

1992

20 ans

C'EST À BORDEAUX QUE SON ENTRAÎNEUR, ROLAND COURBIS, COMMENCE À LE SURNOMMER ZIZOU.

1996
ZINEDINE ZIDANE EST RECRUTÉ PAR LA JUVENTUS DE TURIN OÙ IL ENTAME UN PROGRAMME PHYSIQUE INTENSIF.

1994

22 ans

17 AOÛT 1994
LORS DE SA PREMIÈRE SÉLECTION EN ÉQUIPE DE FRANCE ZIDANE MARQUE DEUX BUTS MAGNIFIQUES CONTRE LA RÉPUBLIQUE TCHÈQUE.

1998

26 ans

12 JUILLET 1998
ZIDANE INSCRIT DEUX BUTS DE LA TÊTE EN FINALE DE LA COUPE DU MONDE À PARIS. L'ÉQUIPE BRÉSILIENNE DE RONALDO EST BATTUE 3-0.

2000

28 ans

2 JUILLET 2000
L'ÉQUIPE DE FRANCE REMPORTE L'EURO 2000, À ROTTERDAM, GRÂCE À UN BUT EN OR MARQUÉ PAR DAVID TRÉZÉGUET À LA 103ᴱ MINUTE.

4 JANVIER 2016
ZIDANE EST NOMMÉ ENTRAÎNEUR DE L'ÉQUIPE PREMIÈRE DU REAL MADRID APRÈS S'ÊTRE FAIT LA MAIN AVEC L'ÉQUIPE SECONDE PENDANT DEUX ANS. LE CLUB REMPORTE DE TRÈS NOMBREUX TROPHÉES !

31 MAI 2018
ZIDANE DÉMISSIONNE DU REAL MADRID ET…

11 MARS 2019
… REVIENT AU REAL MADRID…

27 MARS 2021
… PUIS REPART DU REAL MADRID.

DAVID BECKHAM

MILIEU OFFENSIF
1m82, ambidextre

ÉQUIPE D'ANGLETERRE

REAL MADRID

DATE DE NAISSANCE
2 MAI 1975
LONDRES

— ANGLETERRE —

CLUBS

LOS ANGELES GALAXY	CHAMPION DES USA 2011, 2012, 2013
PARIS ST-GERMAIN	CHAMPION DE FRANCE 2013
REAL MADRID	COUPE D'ESPAGNE 2007
MANCHESTER UNITED	CHAMPIONS LEAGUE 1999 COUPE D'ANGLETERRE 1996, 1999 CHAMPION D'ANGLETERRE 1996, 1997, 1999, 2000, 2001, 2003

« Ne soyez pas comme la plupart des gens. La plupart des gens renoncent à leurs rêves. »

1975
Naissance

2 MAI 1975
NAISSANCE À LONDRES D'UN PAPA INSTALLATEUR DE CUISINE ET D'UNE MAMAN COIFFEUSE ! C'EST PEUT-ÊTRE DE LÀ QUE LUI VIENT SON GOÛT POUR LES COIFFURES... SURPRENANTES !

1999
24 ans

"GOLDEN MAY" 1999
EN L'ESPACE DE 10 JOURS, MANCHESTER UNITED ET DAVID BECKHAM REMPORTENT UN TRIPLÉ HISTORIQUE : CHAMPIONNAT D'ANGLETERRE (AVEC UN POINT D'AVANCE SUR ARSENAL) + COUPE D'ANGLETERRE + CHAMPIONS LEAGUE. C'EST BECKHAM QUI MARQUE LE PREMIER BUT DE CETTE SÉRIE DE VICTOIRES CONTRE TOTTENHAM EN CHAMPIONNAT LE 16 MAI.

2007
32 ans

17 JUIN 2007
LE REAL MADRID EST SACRÉ DE JUSTESSE CHAMPION DEVANT BARCELONE. C'EST LE SEUL TITRE IMPORTANT REMPORTÉ PENDANT LE SÉJOUR DE BECKHAM À MADRID. BECKHAM EST REMPLACÉ À LA 66E MINUTE PAR REYES, UN JOUEUR DE 24 ANS, QUI MARQUERA 2 BUTS. C'EST AUSSI LE DERNIER MATCH DE BECKHAM POUR LE REAL MADRID.

1995

20 ans

19 AOÛT 1995

DAVID BECKHAM, PROFESSIONNEL DEPUIS DEUX ANS, MARQUE LE PREMIER BUT DE LA SAISON POUR MANCHESTER UNITED D'UN TIR DE PRÈS DE 30 MÈTRES QUI FAIT DE LUI UNE STAR NATIONALE.

1998

23 ans

SAISON 1995-96

MANCHESTER UTD RÉUSSIT LE DOUBLÉ COUPE-CHAMPIONNAT APRÈS LE RETOUR DE CANTONA.

26 JUIN 1998

BECKHAM MARQUE SON PREMIER BUT EN ÉQUIPE NATIONALE SUR UN COUP FRANC PARFAIT LORS DU MATCH ANGLETERRE-COLOMBIE DU PREMIER TOUR DE LA COUPE DU MONDE DE LA FIFA 1998 EN FRANCE.

2003

28 ans

4 JUILLET 1999

QUELQUES SEMAINES PLUS TARD, IL ÉPOUSE VICTORIA ADAMS, UNE DES CHANTEUSES DES SPICE GIRLS, LA PRESSE ANGLAISE DONNE À CE MARIAGE AUTANT DE PUBLICITÉ QUE POUR UN MARIAGE PRINCIER.

2 JUILLET 2003

BECKHAM REÇOIT LE MAILLOT DE SON NOUVEAU CLUB, LE REAL MADRID, DES MAINS DE LA LÉGENDE DI STÉFANO. IL REJOINT À MADRID DEUX AUTRES LÉGENDES, ZINEDINE ZIDANE ET RONALDO.

2020

45 ans

21 JUILLET 2007

DAVID BECKHAM FAIT SES DÉBUTS AU GALAXY LOS ANGELES, IL EST LE JOUEUR LE MIEUX PAYÉ DE LA LIGUE AMÉRICAINE.

2012-2013

LE DÉCALAGE DES CHAMPIONNATS US ET FRANÇAIS PERMET À BECKHAM DE REMPORTER PENDANT LA MÊME SAISON, LE TITRE USA AVEC LE GALAXY LOS ANGELES PUIS LE TITRE FRANÇAIS AVEC LE PARIS-SAINT-GERMAIN.

1ER MARS 2020

PREMIER MATCH OFFICIEL EN CHAMPIONNAT AMÉRICAIN DU CLUB INTER MIAMI FONDÉ PAR BECKHAM AVEC COMME ASSOCIÉ LE MILLIARDAIRE JAPONAIS MASAYOSHI SON.

RONALDO
O FENÔMENO

ATTAQUANT
1m83, droitier

DATE DE NAISSANCE
22 SEPTEMBRE 1976
RIO DE JANEIRO, BRÉSIL

BRÉSIL

PALMARÈS JOUEUR

ÉQUIPE NATIONALE
CHAMPION DU MONDE
1994, 2002
COPA AMÉRICA
1997, 1999

CLUBS

CRUZEIRO EC	COUPE DU BRÉSIL 1993
PSV EINDHOVEN	COUPE DES PAYS-BAS 1995
FC BARCELONE	COUPE DES VAINQUEURS DE COUPE 1997
	COUPE D'ESPAGNE 1997
INTER MILAN	COUPE UEFA 1998
REAL MADRID	CHAMPION D'ESPAGNE 2003 ET 2007
CORINTHIANS	COUPE DU BRÉSIL 2009

BALLON D'OR
1997, 2002

« Je ne veux jamais faire vivre à mes fans la même déception que celle que j'ai connue lorsqu'un jour une star a refusé de signer le carnet d'autographes de l'enfant que j'étais. »

1976
Naissance

22 SEPTEMBRE 1976
NAISSANCE DE RONALDO LUIS NAZÁRIO DE LIMA DANS LA BANLIEUE DE RIO DE JANEIRO. COMME BEAUCOUP DE BRÉSILIENS, IL GRANDIT AVEC L'AMOUR ABSOLU DU FOOTBALL, AU POINT DE DORMIR AVEC SON BALLON DANS LES BRAS.

1997-1998
POUR SA PREMIÈRE SAISON À L'INTER DE MILAN, LE CLUB FINIT DEUXIÈME DU CHAMPIONNAT ITALIEN ET REMPORTE LA COUPE DE L'UEFA ET LA SUPERCOUPE. RONALDO EST DÉSIGNÉ MEILLEUR JOUEUR DE LA SAISON PAR LA PRESSE ITALIENNE.

2009
33 ans

1ER JANVIER 2009
APRÈS UN PASSAGE DIFFICILE AU MILAN AC ET PLUSIEURS PROBLÈMES DE SANTÉ, RONALDO RETOURNE AU BRÉSIL OÙ IL JOUE PENDANT 2 ANS AU CLUB CORINTHIANS DE SAO PAULO, REMPORTANT AU PASSAGE LA COUPE DU BRÉSIL 2009.

TOUT AU LONG DE SON ADOLESCENCE, IL SE FAIT REMARQUER EN TANT QUE JOUEUR DE FUTSAL, VERSION EN SALLE DU FOOTBALL, À 5 CONTRE 5 ET SUR UN PLUS PETIT TERRAIN.

1994

À 17 ANS, RONALDO QUI BRILLE AVEC LE CLUB CRUZEIRO DE BELO HORIZONTE EST SÉLECTIONNÉ POUR LA COUPE DU MONDE AUX ÉTATS-UNIS COMME JOUEUR D'APPOINT. BIEN QU'IL N'AIT PAS JOUÉ UNE SEULE MINUTE SUR LE SOL AMÉRICAIN, IL PEUT LANCER SON PALMARÈS INTERNATIONAL AVEC UN TITRE DE CHAMPION DU MONDE.

1997

21 ans

14 MAI 1997

ALORS QU'IL A REJOINT LE FC BARCELONE AU DÉBUT DE LA SAISON, RONALDO MARQUE, SUR PENALTY, LE SEUL BUT DE LA FINALE DE LA COUPE DES COUPES CONTRE LE PARIS-SAINT-GERMAIN . MEILLEUR BUTEUR DU CHAMPIONNAT ESPAGNOL, IL REMPORTE AUSSI LE TITRE DE MEILLEUR JOUEUR DÉCERNÉ PAR LA FIFA ET LE BALLON D'OR.

28 AOÛT 1994 : PREMIER MATCH EUROPÉEN AVEC LE PSV EINDHOVEN

APRÈS SEULEMENT 1 SAISON COMME JOUEUR PROFESSIONNEL AU CLUB DE BELO HORIZONTE, RONALDO, QUI N'A QUE 17 ANS, EST TRANSFÉRÉ POUR 6 MILLIONS DE DOLLARS AU PSV EINDHOVEN, AUX PAYS-BAS.
IL MARQUE À LA 11E MINUTE DE SON PREMIER MATCH EN EUROPE CONTRE LE CLUB DE VITESSE ARNHEM. IL VA MARQUER EN TOUT 57 BUTS EN 65 MATCHS LORS DES DEUX SAISONS PASSÉES À EINDHOVEN.

1998

22 ans

12 JUILLET 1998

LE BRÉSIL S'INCLINE 3-0 CONTRE LA FRANCE EN FINALE DE COUPE DU MONDE À PARIS. MALGRÉ UNE FINALE OÙ IL N'A PAS BRILLÉ, RONALDO EST NOMMÉ MEILLEUR JOUEUR DU TOURNOI ET REPART AVEC LA MÉDAILLE D'ARGENT.

2002

26 ans

30 JUIN 2002

BIEN QUE SORTANT DE 4 ANNÉES DIFFICILES EN ITALIE OÙ IL A PEU JOUÉ DU FAIT DE BLESSURES À RÉPÉTITION, RONALDO EST L'AUTEUR DES 2 BUTS BRÉSILIENS LORS DE LA FINALE DE LA COUPE DU MONDE 2002 CONTRE L'ALLEMAGNE, À TOKYO. C'EST SON DEUXIÈME TITRE, MAIS CELUI-CI EST GAGNÉ SUR LE TERRAIN.

2007

31 ans

30 JANVIER 2007

RONALDO QUITTE LE REAL MADRID POUR LE MILAN AC. EN UN PEU MOINS DE 5 ANS, ET 209 MATCHS, IL AURA MARQUÉ 123 BUTS.

30 AOÛT 2002

RONALDO REJOINT LE REAL MADRID OÙ JOUE DÉJÀ ZIDANE, BOURREAU DES BRÉSILIENS À LA COUPE DU MONDE 1998.

L'INVESTISSEUR !

Depuis septembre 2018, Ronaldo est actionnaire majoritaire du club espagnol de Real Valladolid qui joue en première division, après y avoir investi près de 30 millions d'euros. Il investit aussi en 2021 60 millions d'euros pour devenir l'actionnaire principal du club brésilien de Cruzeiro, avec lequel il avait entamé sa carrière de joueur professionnel.

THIERRY HENRY

TITI

ATTAQUANT

1m88, droitier

ÉQUIPE DE FRANCE

ARSENAL

DATE DE NAISSANCE
17 AOÛT 1977
LES ULIS (ÎLE-DE-FRANCE)

FRANCE

ÉQUIPE NATIONALE
CHAMPION DU MONDE 1998
CHAMPION D'EUROPE 2000

PALMARÈS JOUEUR CLUBS

AS MONACO	CHAMPION DE FRANCE 1997
FC ARSENAL	CHAMPION D'ANGLETERRE 2002, 2004 COUPE D'ANGLETERRE 2002, 2003, 2005
FC BARCELONE	CHAMPION D'ESPAGNE 2009 ET 2010 COUPE D'ESPAGNE 2009 CHAMPION D'EUROPE 2009

« J'ai plus de fierté quand on parle de mes passes que quand on parle de mes buts, et ce n'est pas de la fausse modestie. »

1977

Naissance

17 AOÛT 1977
THIERRY HENRY NAÎT DANS UNE FAMILLE ANTILLAISE QUI S'EST INSTALLÉE EN BANLIEUE PARISIENNE.

2000

23 ans

2 JUILLET 2000
L'ÉQUIPE DE FRANCE REMPORTE L'EURO 2000, À ROTTERDAM, GRÂCE À UN BUT EN OR MARQUÉ PAR DAVID TRÉZÉGUET À LA 103E MINUTE.

2014

37 ans

10 DÉCEMBRE 2014
APRÈS UNE CARRIÈRE DE PRÈS DE VINGT ANNÉES EN EUROPE ET EN AMÉRIQUE DU NORD, ET 4 PARTICIPATIONS À LA COUPE DU MONDE, HENRY PREND SA RETRAITE DE JOUEUR.

1995
18 ans

29 AVRIL 1995
HENRY MARQUE DEUX BUTS EN CHAMPIONNAT AVEC L'AS MONACO CONTRE LENS, ALORS QU'IL N'EST ENCORE QU'UN JEUNE REMPLAÇANT.

1995-1996
THIERRY HENRY GAGNE LE CHAMPIONNAT DE FRANCE AVEC L'AS MONACO.

1999
HENRY REJOINT ARSÈNE WENGER À ARSENAL, CLUB LONDONIEN, OÙ IL EST REPOSITIONNÉ COMME ATTAQUANT DE POINTE.

1998
21 ans

12 JUILLET 1998
THIERRY HENRY ET L'ÉQUIPE DE FRANCE SONT SACRÉS CHAMPIONS DU MONDE À PARIS.

SAISON 2003-2004
ARSENAL GAGNE LE CHAMPIONNAT D'ANGLETERRE SANS AVOIR PERDU AUCUN DE SES 38 MATCHS DANS LA COMPÉTITION. HENRY EST SACRÉ MEILLEUR BUTEUR AVEC 30 BUTS. PARMI SES ÉQUIPIERS : VIEIRA, PIRÈS ET WILTORD, CAMARADES DE L'ÉQUIPE DE FRANCE.

2009
32 ans

18 NOVEMBRE 2009
LORS D'UN MATCH DE BARRAGE CONTRE L'IRLANDE, THIERRY HENRY FAIT UNE PASSE DE LA MAIN À WILLIAM GALLAS QUI MARQUE LE BUT PERMETTANT À L'ÉQUIPE DE FRANCE DE SE QUALIFIER POUR LA COUPE DU MONDE 2010 EN AFRIQUE DU SUD. IL RESTERA POUR BEAUCOUP D'IRLANDAIS "HENRY, LE TRICHEUR".

SAISON 2008-2009
ARRIVÉ À BARCELONE EN 2007, THIERRY HENRY RÉALISE UNE SAISON EXCEPTIONNELLE EN REMPORTANT 5 COMPÉTITIONS LA MÊME ANNÉE : CHAMPIONNAT, COUPE ET SUPERCOUPE D'ESPAGNE, LIGUE DES CHAMPIONS ET SUPERCOUPE D'EUROPE.

L'ENTRAÎNEUR

Après un passage comme joueur dans l'équipe des Red Bulls de New York (2010-2014), il fait un court séjour à l'AS Monaco comme entraîneur fin 2018, puis au CF Montréal (2019-2021).
Il est aussi entraîneur adjoint de l'équipe nationale belge de 2016 à 2018, puis de nouveau depuis mai 2021.

GIANLUIGI BUFFON

SUPERMAN

GARDIEN

1m92, droitier

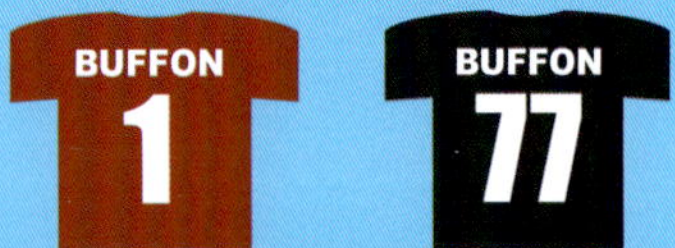

ITALIE — JUVENTUS

DATE DE NAISSANCE
28 JANVIER 1978
CARRARE

ITALIE

ÉQUIPE NATIONALE
CHAMPION DU MONDE 2006

PALMARÈS JOUEUR

CLUBS

JUVENTUS TURIN	CHAMPION D'ITALIE 2002, 2003, 2012, 2013, 2014, 2015, 2016, 2017, 2018 COUPE D'ITALIE 2015, 2016, 2017, 2018
PARIS-SAINT-GERMAIN	CHAMPION DE FRANCE 2019
AC PARMA	COUPE UEFA 1999 COUPE D'ITALIE 1999

« L'important, c'est de répondre présent quand l'équipe a besoin de moi. »

1978
Naissance

28 JANVIER 1978
LE PETIT GIANLUIGI NAÎT À CARRARE, D'UN PAPA HALTÉROPHILE ET D'UNE MAMAN LANCEUSE DE DISQUE.

2001
23 ans

3 JUILLET 2001
BUFFON EST TRANSFÉRÉ À LA JUVENTUS DE TURIN POUR 53 MILLIONS D'EUROS, C'EST LE GARDIEN LE PLUS CHER DE L'HISTOIRE DU FOOTBALL.

2018
40 ans

ÉTÉ 2018
LA JUVENTUS REMPORTE SON 7E TITRE DE CHAMPION D'ITALIE À LA SUITE, LE 9E POUR BUFFON, ET SA 4E COUPE D'ITALIE D'AFFILÉE.

1990
12 ans

COUPE DU MONDE 1990
FASCINÉ PAR LE JEU DU GARDIEN CAMEROUNAIS THOMAS NKONO LORS DE LA COUPE DU MONDE EN ITALIE, GIANLUIGI DÉCIDE DE DEVENIR GARDIEN DE BUT.

1997
19 ans

19 NOVEMBRE 1995
PREMIER MATCH PRO POUR PARME À 17 ANS, IL N'ENCAISSE AUCUN BUT CONTRE LE MILAN AC DE MARCO SIMONE ET GEORGE WEAH, IL EST LE HÉROS DU MATCH POUR SES PARTENAIRES.

1999
21 ans

12 MAI 1999
FINALE EUROPA LEAGUE – MOSCOU
QUELQUES JOURS APRÈS AVOIR REMPORTÉ LA COUPE D'ITALIE 1999, LE CLUB DE PARME REMPORTE LA FINALE DE L'EUROPA LEAGUE CONTRE MARSEILLE SANS ENCAISSER UN SEUL BUT.

2003
25 ans

28 MAI 2003
FINALE DE LA LIGUE DES CHAMPIONS
LA JUVENTUS PERD SA PREMIÈRE FINALE DE CHAMPIONS LEAGUE, CONTRE SON GRAND RIVAL ITALIEN, LE MILAN AC. LA DÉCISION DOIT SE FAIRE AUX PENALTYS. BUFFON NE PARVIENT PAS À ARRÊTER LE DERNIER TIR DE CHEVTCHENKO.

2006
29 ans

9 JUILLET 2006
FINALE DE LA COUPE DE MONDE
BUFFON SAUVE SON ÉQUIPE EN DÉTOURNANT UNE MAGNIFIQUE TÊTE DE ZIDANE À LA 104^E^ MINUTE. FINALEMENT, L'ITALIE SERA SACRÉE CHAMPIONNE DU MONDE AUX TIRS AU BUT.

2007
29 ans

ÉTÉ 2007
RETOUR DE LA JUVENTUS EN SÉRIE A (1RE DIVISION) APRÈS DEUX ANNÉES PASSÉES EN 2^E^ DIVISION SUITE AU SCANDALE DES ARBITRAGES ARRANGÉS DANS LE FOOTBALL ITALIEN (CALCIOPOLITE)...

... LES TIFOSI (SUPPORTERS) DE LA JUVE REMERCIENT BUFFON D'ÊTRE RESTÉ À TURIN MALGRÉ LA RELÉGATION, ET D'ÊTRE UN DES PRINCIPAUX ARTISANS (AVEC L'ENTRAÎNEUR DIDIER DESCHAMPS) DU RETOUR VERS L'ÉLITE.

2018-2019
BUFFON EST ENGAGÉ POUR UN AN AU PARIS-SAINT-GERMAIN (OÙ IL REJOINT NEYMAR JR, MBAPPÉ ET CAVANI) POUR VAINCRE LA MALCHANCE DU CLUB EN LIGUE DES CHAMPIONS, MAIS LE PSG EST ÉLIMINÉ EN 8^E^ DE FINALE PAR L'ÉQUIPE B DE MANCHESTER UNITED, 3 BUTS À 1, DONT UN BUT ENCAISSÉ SUR UNE MAGNIFIQUE BOURDE DU GARDIEN ITALIEN.

ÉTÉ 2019
À LA SURPRISE DE TOUTE LA PRESSE ET DU PUBLIC, BUFFON RESIGNE POUR 2 ANS À LA JUVENTUS DE TURIN... PUIS REJOINT PARMA EN 2021...

DIDIER DROGBA

THE AFRICAN KING

ATTAQUANT

1m89, droitier

DROGBA
11
CHELSEA

DATE DE NAISSANCE
11 MARS 1978
ABIDJAN

– CÔTE D'IVOIRE –

PALMARÈS JOUEUR CLUBS

CHELSEA FC	CHAMPION D'ANGLETERRE 2005, 2006, 2010, 2015 COUPE D'ANGLETERRE 2007, 2009, 2010, 2012 CHAMPION D'EUROPE 2012
GALATASARAY	CHAMPION DE TURQUIE 2014 COUPE DE TURQUIE 2014

« On a tous notre ego, mais il suffit juste de ne penser qu'à l'intérêt du pays, et là ça roule tout seul, que l'on soit remplaçant ou titulaire, l'important c'est la Côte d'Ivoire. »

1978
Naissance

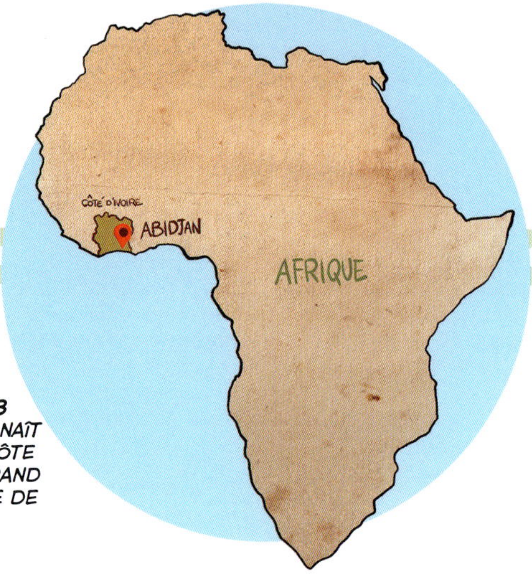

11 MARS 1978
DIDIER DROGBA NAÎT À ABIDJAN EN CÔTE D'IVOIRE, UN GRAND PAYS D'AFRIQUE DE L'OUEST.

2004
26 ans

SAISON 2004-2005
DIDIER DROGBA EST RECRUTÉ AU CHELSEA FC PAR LE NOUVEAU COACH JOSÉ MOURHINO. L'ÉQUIPE REMPORTE UN TRIPLÉ : CHAMPIONNAT D'ANGLETERRE, CARLING CUP ET COMMUNITY SHIELD.

2018
40 ans

9 NOVEMBRE 2018
DIDIER DROGBA JOUE SON DERNIER MATCH PROFESSIONNEL AUX ÉTATS-UNIS AVEC LE PHOENIX RISING FC.

1983

5 ans

1983
LES PARENTS DE DIDIER L'ENVOIENT EN FRANCE CHEZ SON ONCLE MICHEL GOBA, JOUEUR PRO À BREST.

EAG
EN AVANT DE GUINGAMP
Côtes d'Armor

2002

24 ans

2002
APRÈS UN PASSAGE PAR UN CLUB DE 2[E] DIVISION ET PLUSIEURS BLESSURES, DIDIER, QUI A DÉJÀ 24 ANS EST RECRUTÉ PAR UN PETIT CLUB DE 1[RE] DIVISION, L'EN-AVANT GUIGUAMP OÙ SON TALENT ÉCLATE.

DROIT AU BUT

SAISON 2003-2004
DIDIER DROGBA FAIT UN PASSAGE ÉCLAIR À L'OLYMPIQUE DE MARSEILLE OÙ IL MARQUE 32 BUTS EN 55 MATCHS SANS POURTANT REMPORTER DE TROPHÉE.

2010

32 ans

20 JUIN 2010
DROGBA MARQUE LE SEUL BUT IVOIRIEN DU MATCH CONTRE LE BRÉSIL C'EST LA PREMIÈRE FOIS DE L'HISTOIRE QUE LE BRÉSIL ENCAISSE UN BUT DE LA PART D'UNE ÉQUIPE AFRICAINE EN COUPE DU MONDE.

19 MAI 2012
DROGBA MARQUE EN FINALE DE LA LIGUE DES CHAMPIONS LE BUT DE L'ÉGALISATION POUR CHELSEA FC CONTRE LA BAYERN DE MUNICH. IL MARQUE AUSSI LE DERNIER TIR AU BUT DE LA SÉANCE DES PENALTYS QUI PERMET À SON ÉQUIPE DE REMPORTER LE TROPHÉE.

2012

34 ans

2012-2014
APRÈS UN PASSAGE ÉCLAIR À SHANGHAI, DROGBA S'INSTALLE POUR DEUX ANS À ISTANBUL OÙ IL RÉCOLTE DE NOUVEAUX TROPHÉES.

L'AMBASSADEUR

À partir de 2005, Didier Drogba s'est largement impliqué dans le processus de paix en Côte d'Ivoire, le pays étant coupé en deux par une guerre civile, guerre qui se terminera fin 2007. Il est depuis 2018 vice-président de l'association Peace and Sport (www.peace-sport.org) qui vise à contribuer à la paix grâce au sport dans les zones de conflit.

DIDIER DESCHAMPS
LA DÈCHE

MILIEU
1m74, droitier

DESCHAMPS
7

DATE DE NAISSANCE
15 OCTOBRE 1968
BAYONNE

FRANCE

PALMARÈS JOUEUR

ÉQUIPE NATIONALE
CHAMPION DU MONDE 1998
CHAMPION D'EUROPE 2000

CLUBS

OM	CHAMPION DE FRANCE 1990, 1992 LIGUE DES CHAMPIONS 1993
JUVENTUS TURIN	CHAMPION D'ITALIE 1995, 97, 98 COUPE D'ITALIE 1995 LIGUE DES CHAMPIONS 1996
CHELSEA FC	COUPE D'ANGLETERRE 2000

PALMARÈS ENTRAÎNEUR

ÉQUIPE NATIONALE
CHAMPION DU MONDE : 2018
LIGUE DES NATIONS UEFA : 2021

CLUBS
OM CHAMPION DE FRANCE 2010

PARCOURS

Didier Deschamps est un des trois footballeurs ayant gagné la Coupe du monde à la fois comme joueur (1998) et comme *entraîneur* (*2018*) avec l'Allemand Beckenbauer (1974 et *1990*) et le Brésilien Zagallo (1958, 1962 et *1970*).

« Dans le football, comme dans la vie, on ne peut pas avoir que des architectes, on doit aussi avoir des maçons. »

LUIS FIGO
EL PASO DOBLE

AILIER
1m80, droitier

FIGO
7

DATE DE NAISSANCE
25 NOVEMBRE 1972
ALMADA

PORTUGAL

PALMARÈS JOUEUR

CLUBS

SPORTING LISBOA	CHAMPION DU PORTUGAL 1995
FC BARCELONE	CHAMPION D'ESPAGNE 1998, 1999 COUPE D'ESPAGNE 1997, 1998 COUPE DES COUPES 1997
REAL MADRID	CHAMPION D'ESPAGNE 2001, 2003 LIGUE DES CHAMPIONS 2002
INTER MILAN	CHAMPION D'ITALIE 2006, 2007, 2008, 2009

BALLON D'OR 2000

PARCOURS

Luis Figo est un des rares joueurs à avoir joué pour les deux frères ennemis du football espagnol, le FC Barcelone et le Real Madrid. Capitaine de l'équipe du Portugal à la Coupe du monde 2006, il la mène jusqu'en demi-finale. À la fois buteur et passeur, il n'est devancé que par Lionel Messi pour le titre de meilleur passeur de l'histoire de La Liga.

« Jouer pour Barcelone signifie avoir l'opportunité d'avoir une brillante carrière. Mais pour atteindre le sommet, vous devez jouer pour le Real Madrid. »

Z. IBRAHIMOVIC
ZLATAN

ATTAQUANT
1m95, droitier

IBRAHIMOVIC
10

DATE DE NAISSANCE
3 OCTOBRE 1981
MALMÖ

SUÈDE

PALMARÈS JOUEUR

CLUBS

AJAX AMSTERDAM	CHAMPION DES PAYS-BAS 2002, 2004 COUPE DES PAYS-BAS 2002
PARIS-SAINT-GERMAIN	CHAMPION DE FRANCE 2013, 2014, 2015, 2016 COUPE DE FRANCE 2015, 2016
MANCHESTER UNITED	EUROPA LEAGUE 2017
FC BARCELONE	CHAMPION D'ESPAGNE 2010
AC MILAN	CHAMPION D'ITALIE 2011, 2022
INTER MILAN	CHAMPION D'ITALIE 2007, 2008, 2009

PARCOURS

Zlatan Ibrahimovic est le meilleur buteur de l'histoire de la sélection nationale suédoise et il a remporté le championnat dans quatre pays différents. Sa personnalité marquée et son arrogance teintée (peut-être…) de second degré en ont fait une star médiatique. Son autobiographie publiée en 2011 avec l'aide d'un journaliste suédois est devenue un best-seller en Suède et en France.

« Je n'ai pas besoin d'un Ballon d'or pour savoir que je suis le meilleur ».

ANDRÉS INIESTA

EL ILLUSIONISTA (LE MAGICIEN)

MILIEU
1m71, droitier

DATE DE NAISSANCE
11 MAI 1984
FUENTEALBILLA

ESPAGNE

PALMARÈS JOUEUR

ÉQUIPE NATIONALE
CHAMPION DU MONDE 2010
CHAMPION D'EUROPE 2008, 2012

CLUBS

FC BARCELONA CHAMPION D'ESPAGNE 2005, 2006, 2009, 2010, 2011, 2013, 2015, 2016, 2018
COUPE D'ESPAGNE 2009, 2012, 2015, 2016, 2017, 2018
LIGUE DES CHAMPIONS 2006, 2009, 2011, 2015

VISSEL KOBÉ COUPE DU JAPON 2019

PARCOURS

Joueur le plus titré d'Espagne avec près de 35 trophées à son crédit, Andrés Iniesta est un pur produit de la Masia, le centre de formation du FC Barcelone. Meilleur joueur de la finale de la Coupe du monde en 2010 en Afrique du Sud, c'est lui qui a marqué le but de la victoire contre les Pays-Bas. À 38 ans, il est toujours un des joueurs clés de l'équipe de Vissel Kobé au Japon.

« J'ai l'impression que les gens me respectent et qu'ils ont même de l'affection pour moi. C'est ça qui me rend heureux. »

LUKA MODRIĆ

ZOUKO

MILIEU
1m72, droitier

DATE DE NAISSANCE
9 SEPTEMBRE 1985
ZADAR (YOUGOSLAVIE)

CROATIE

PALMARÈS JOUEUR

CLUBS

REAL MADRID LIGUE DES CHAMPIONS 2014, 2016, 2017, 2018, 2022
CHAMPION D'ESPAGNE 2017, 2020, 2022
COUPE D'ESPAGNE 2014

DINAMO ZAGREB CHAMPION CROATIE 2006, 2007, 2008
COUPE CROATIE 2007, 2008

BALLON D'OR 2018

PARCOURS

Capitaine de l'équipe nationale de Croatie qu'il mène en finale de la Coupe du monde 2018 contre la France, Luka Modrić est depuis 2012 un des joueurs incontournables du Real Madrid, équipe avec laquelle il a remporté cinq Ligues des champions.

« J'échangerais volontiers tous mes trophées contre une seule Coupe du monde. »

WAYNE ROONEY

WAZZA

ATTAQUANT
1m76, droitier

DATE DE NAISSANCE
24 OCTOBRE 1985
LIVERPOOL

ANGLETERRE

PALMARÈS JOUEUR

CLUBS

MANCHESTER UTD CHAMPION D'ANGLETERRE 2007, 2008, 2009, 2011, 2013
COUPE D'ANGLETERRE 2016
LIGUE DES CHAMPIONS 2008
LIGUE EUROPA 2017

PARCOURS

Wayne Rooney est détenteur du record de nombre de buts pour l'équipe d'Angleterre (50) et pour Manchester United (253). L'énergie et la passion qu'il apportait au jeu ont soulevé des foules entières pendant près de 13 années à Manchester. Depuis juillet 2022, il est l'entraîneur du club D.C. United à Washington, club dans lequel il a joué entre 2018 et 2020.

« Être père a été le plus beau moment de ma vie. Jouer au football n'est même pas comparable. »

CRISTIANO RONALDO

CR7

ATTAQUANT

1m87, droitier

DATE DE NAISSANCE
5 FÉVRIER 1985
FUNCHAL

PORTUGAL

ÉQUIPE NATIONALE
CHAMPION D'EUROPE 2016

PALMARÈS JOUEUR CLUBS

MANCHESTE UNITED	CHAMPION D'ANGLETERRE 2007, 2008, 2009 COUPE D'ANGLETERRE 2004 CHAMPION D'EUROPE 2008
REAL MADRID	CHAMPION D'ESPAGNE 2012, 2017 COUPE D'ESPAGNE 2011, 2014 CHAMPION D'EUROPE 2014, 2016, 2017, 2018
JUVENTUS TURIN	CHAMPION D'ITALIE 2019, 2020 COUPE D'ITALIE 2021

BALLON D'OR
2008, 2013, 2014, 2016, 2017

« Je ne sais pas pourquoi je suis tout le temps sifflé. C'est parce que je suis beau, riche et bon que je fais des envieux. Je n'ai pas d'autre explication. »

1985

Naissance

5 FÉVRIER 1985
DE SON VRAI NOM CRISTIANO RONALDO DOS SANTOS AVEIRO (RONALDO EST SON SECOND PRÉNOM EN HOMMAGE À... RONALD REAGAN !), LE PETIT CRISTIANO NAÎT À MADÈRE, UNE ÎLE VOLCANIQUE PORTUGAISE PERDUE DANS L'OCÉAN AU LARGE DU MAROC.

2009

24 ans

27 MAI 2009
POUR SON DERNIER MATCH AVEC MANCHESTER, EN FINALE DE LA COUPE DES CHAMPIONS, RONALDO N'ARRIVE PAS À TROUVER LE CHEMIN DES BUTS ADVERSES. C'EST LE FC BARCELONE DE MESSI ET INIESTA QUI REMPORTE LE TROPHÉE 2-0.

2016

31 ans

10 JUILLET 2016
CRISTIANO RONALDO ET L'ÉQUIPE DU PORTUGAL REMPORTENT 1-0 LA FINALE DE L'EURO 2016 CONTRE LA FRANCE, GRANDE FAVORITE. PERSONNE N'ATTENDAIT LE PORTUGAL, PEU CONVAINCANT À LA COUPE DU MONDE 2014 AU BRÉSIL.

2003

18 ans

12 AOÛT 2003
APRÈS UN PASSAGE PAR LE CENTRE DE FORMATION DU SPORTING PORTUGAL À LISBONNE, IL EST TRANSFÉRÉ À MANCHESTER UNITED OÙ L'ENTRAÎNEUR LUI DONNE LE MAILLOT N° 7, CELUI-LÀ MÊME PORTÉ PAR LES LÉGENDES CHARLTON, BEST ET BECKHAM.

4 JUILLET 2004
L'ÉQUIPE DU PORTUGAL S'INCLINE 1-0 SUR SON TERRAIN, À LISBONNE, EN FINALE DE SON EURO. LE JEUNE RONALDO FOND EN LARMES À LA FIN DU MATCH GAGNÉ PAR UN CHALLENGER QU'ON N'ATTENDAIT PAS : LA GRÈCE.

1ER JUILLET 2006
EN QUART DE FINALE DE LA COUPE DU MONDE, RONALDO FAIT PRESSION SUR L'ARBITRE POUR QUE SON COÉQUIPIER DE MANCHESTER, WAYNE ROONEY, SOIT EXPULSÉ DU TERRAIN SUITE À UNE PETITE FAUTE SUR CARVALHO. LES ANGLAIS FINISSENT LE MATCH À 10 ET SONT ÉLIMINÉS. RONALDO DEVIENDRA LA BÊTE NOIRE DES SUPPORTERS DE MANCHESTER PENDANT PLUSIEURS SEMAINES.

26 FÉVRIER 2006
APRÈS AVOIR MARQUÉ UN BUT CONTRE WIGAN, RONALDO REÇOIT UN CARTON JAUNE POUR AVOIR RETIRÉ SON MAILLOT. C'EST LE PREMIER D'UNE LONGUE SÉRIE D'INCIDENTS, LE JOUEUR PRENANT UN PLAISIR CERTAIN À EXHIBER SES ABDOS À TOUT BOUT DE CHAMP.

27 MAI 2009
PENDANT SES 6 ANNÉES PASSÉES À MANCHESTER, RONALDO AURA MARQUÉ 118 BUTS EN 292 MATCHS ET REMPORTÉ 3 CHAMPIONNATS D'ANGLETERRE ET UNE LIGUE DES CHAMPIONS, AINSI QUE PLUSIEURS AUTRES TROPHÉES.

6 JUILLET 2009
CRISTIANO RONALDO FAIT SON ARRIVÉE AU REAL MADRID OÙ IL PREND LE N°9, CELUI-LÀ MÊME PORTÉ JUSQU'EN 2007 PAR L'AUTRE RONALDO, LE BRÉSILIEN. APRÈS LE DÉPART DE RAÚL EN 2010, IL RÉCUPÈRE ENFIN SON NUMÉRO FÉTICHE, LE 7.

5 AVRIL 2015
EN MATCH DE CHAMPIONNAT CONTRE LA GRANADA, RONALDO MARQUE 5 BUTS EN UN SEUL MATCH. IL RÉITÈRE SON EXPLOIT LE 12 SEPTEMBRE DE LA MÊME ANNÉE CONTRE L'ESPANYOL BARCELONA.

2015

30 ans

2018

33 ans

26 MAI 2018
DERNIER MATCH AVEC LE REAL MADRID ET DERNIER TROPHÉE. C'EST LA 5E COUPE D'EUROPE REMPORTÉE PAR RONALDO AVEC LE REAL, QUELQUES MINUTES APRÈS LA FIN DU MATCH, IL ANNONCE QU'IL POURRAIT QUITTER LE CLUB.

20 AVRIL 2019
LA JUVENTUS DE TURIN, ET SA NOUVELLE RECRUE, CRISTIANO RONALDO, SONT SACRÉS CHAMPIONS D'ITALIE.

31 AOÛT 2021
CRISTIANO RONALDO REPREND LE CHEMIN DE MANCHESTER UNITED OÙ IL RÉALISE UNE SAISON EN DEMI-TEINTE, FINISSANT 6E DE LA PREMIER LEAGUE ANGLAISE.

LIONEL MESSI
LA PULGA (LA PUCE)

MILIEU OFFENSIF
1m69, gaucher

DATE DE NAISSANCE
24 JUIN 1987
ROSARIO

ARGENTINE

PALMARÈS JOUEUR

ÉQUIPE NATIONALE
JEUX OLYMPIQUES 2008
COPA AMÉRICA 2022

CLUBS

FC BARCELONE	COUPE DU MONDE DES CLUBS 2009, 2011, 2015 LIGUE DES CHAMPIONS 2006, 2009, 2011, 2015 CHAMPION D'ESPAGNE 2005, 2006, 2009, 2010, 2011, 2013, 2015, 2016, 2018, 2019
PARIS-SAINT-GERMAIN	CHAMPION DE FRANCE 2022

BALLON D'OR
2009, 2010, 2011, 2012, 2015, 2019, 2021

« Vous devez vous battre pour atteindre votre rêve. Vous devez faire des sacrifices et travailler dur pour y parvenir. »

1992
5 ans

1992
AVEC UN PÈRE COACH BÉNÉVOLE, LE PETIT MESSI SE FAIT REMARQUER FACE À DES JOUEURS DÉJÀ PLUS GRANDS QUE LUI. ON LE SURNOMME "LA PULGA", LA PUCE.

6 AVRIL 2010
MESSI MARQUE QUATRE BUTS EN QUART DE FINALE DE LA LIGUE DES CHAMPIONS CONTRE ARSENAL.

10 OCTOBRE 2017
RAPPELÉ PAR LE SÉLECTIONNEUR ARGENTIN, MESSI MARQUE 3 BUTS CONTRE L'ÉQUATEUR. IL PERMET AINSI À SON ÉQUIPE, FINALISTE EN 2014, DE SE QUALIFIER DE JUSTESSE POUR LA COUPE DU MONDE 2018 EN RUSSIE. L'ARGENTINE SERA ÉLIMINÉE PAR LA FRANCE EN QUART DE FINALE, À KAZAN.

MARS 2001
MESSI ET SA FAMILLE S'INSTALLENT À BARCELONE OÙ LE CENTRE DE FORMATION DU BARÇA PREND EN CHARGE SON TRAITEMENT D'HORMONES DE CROISSANCE. IL JOUE DANS L'ÉQUIPE DES JEUNES DU CLUB.

2005
18 ans

1ER MAI 2005
PREMIER BUT EN ÉQUIPE 1 DU FC BARCELONE SUR UNE PASSE DE RONALDHINO.

23 AOÛT 2008
MESSI ET L'ARGENTINE REMPORTENT LE TOURNOI OLYMPIQUE À PÉKIN.

2009
LE BARÇA REMPORTE UN RECORD DE SIX TITRES LA MÊME ANNÉE !

19 DÉCEMBRE 2009
MESSI MARQUE UN BUT SPECTACULAIRE DE LA POITRINE EN FINALE DE LA COUPE DU MONDE DES CLUBS DE LA FIFA.

2014
24 ANS

13 JUILLET 2014
MALGRÉ LES EFFORTS DE MESSI, L'ARGENTINE ÉCHOUE CONTRE L'ALLEMAGNE EN FINALE DE LA COUPE DU MONDE AU BRÉSIL.

2017
30 ANS

JUILLET 2017
MESSI ET SON PÈRE, QUI EST AUSSI SON AGENT, SONT CONDAMNÉS PAR LE TRIBUNAL DE BARCELONE À 21 MOIS DE PRISON CHACUN POUR DES DÉLITS FISCAUX...

... CETTE PEINE DE PRISON SERA PLUS TARD COMMUÉE EN TRAVAUX D'INTÉRÊT GÉNÉRAL ET EN UNE AMENDE DE 252 000 EUROS.

2021
32 ANS

29 NOVEMBRE 2021
MESSI REÇOIT SON SEPTIÈME BALLON D'OR, DÉPASSANT AINSI SON RIVAL CRISTIANO RONALDO QUI N'EN A REÇU "QUE" CINQ. À EUX DEUX, ILS SE PARTAGENT 12 RÉCOMPENSES SUR LES 13 ATTRIBUÉES ENTRE 2008 ET 2021.

29 AOÛT 2021
PREMIER MATCH AVEC LE PSG OÙ IL REJOINT MBAPPÉ ET NEYMAR POUR CONSTITUER L'ATTAQUE LA PLUS CHÈRE DE L'HISTOIRE DU FOOTBALL !

10 JUILLET 2022
L'ARGENTINE REMPORTE LA COPA AMERICA, C'EST LE PREMIER "VRAI" TITRE DE MESSI AVEC L'ÉQUIPE NATIONALE !

NEYMAR

O JOIA (LE BIJOU)

ATTAQUANT
1m75, droitier

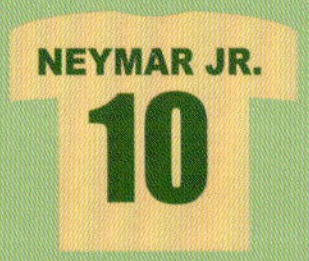

DATE DE NAISSANCE
5 FÉVRIER 1992
MOGO DAS CRUZES, BRÉSIL

BRÉSIL

PALMARÈS JOUEUR

ÉQUIPE NATIONALE
CHAMPION OLYMPIQUE 2016

CLUBS

SANTOS FC	COUPE DU BRÉSIL 2010
FC BARCELONE	CHAMPION D'ESPAGNE 2015, 2016 COUPE D'ESPAGNE 2015, 2016, 2017 LIGUE DES CHAMPIONS 2015
PARIS-SAINT-GERMAIN	CHAMPION DE FRANCE 2018, 2019, 2020, 2022 COUPE DE FRANCE 2018, 2020, 2021

« Je sais que c'est une lourde responsabilité d'être le capitaine et le numéro 10, mais j'adore ça ! »

1992

Naissance

5 FÉVRIER 1992
NAISSANCE DE NEYMAR DA SILVA SANTOS JÚNIOR PRÈS DE SAO PAULO. IL PORTE LE MÊME NOM QUE SON PÈRE, ANCIEN JOUEUR PROFESSIONNEL QU'IL ACCOMPAGNE TRÈS JEUNE SUR LES TERRAINS.

2016

24 ans

19 AOÛT 2016
COMME DANS UNE SORTE DE REVANCHE DE LA DEMI-FINALE DE LA COUPE DU MONDE 2014, LA JEUNE GÉNÉRATION DES JOUEURS BRÉSILIENS AFFRONTE L'ALLEMAGNE EN FINALE DU TOURNOI OLYMPIQUE. NEYMAR MARQUE UN COUP FRANC GÉNIAL DANS LE TEMPS RÉGLEMENTAIRE ET RÉUSSIT SON PENALTY APRÈS LES PROLONGATIONS. LE BRÉSIL EST SACRÉ CHAMPION OLYMPIQUE AUX TIRS AU BUT.

29 AOÛT 2021
NEYMAR EST REJOINT SOUS LES COULEURS DU PARIS-SAINT-GERMAIN PAR LIONEL MESSI, SON ANCIEN COÉQUIPIER DE BARCELONE. AVEC MBAPPÉ, ILS CONSTITUENT LA LIGNE D'ATTAQUE LA PLUS CHÈRE DU FOOTBALL.

2009-2013
IL COMMENCE SA CARRIÈRE PROFESSIONNELLE DANS LE CLUB DU SANTOS FC, L'ANCIEN CLUB DE PELÉ, AVEC LEQUEL IL REMPORTE DE NOMBREUX TROPHÉES DONT LA COUPE DU BRÉSIL EN 2010.

2013

21 ans

JUIN 2013
IL REJOINT LE FC BARCELONE D'INIESTA ET MESSI.

2014

22 ans

14 OCTOBRE 2014
DE NOUVEAU EN FORME, NEYMAR MARQUE 4 BUTS AVEC L'ÉQUIPE NATIONALE DANS UN MATCH AMICAL CONTRE LE JAPON.

8 JUILLET 2014
TOUT LE PEUPLE BRÉSILIEN FOND EN LARMES LORSQUE NEYMAR EST TOUCHÉ À UNE VERTÈBRE LORS DU 1/4 DE FINALE DE LA COUPE DU MONDE FACE À LA COLOMBIE.

2017

25 ans

8 MARS 2017 : LA REMONTADA
BATTUS 4-0 PAR LE PSG EN 8^{e} DE FINALE ALLER DE LA LIGUE DES CHAMPIONS, BARCELONE FAIT UN MATCH PARFAIT ET GAGNE 6-1 À DOMICILE. NEYMAR MARQUE LES 4^{e} ET 5^{e} BUTS ET EST À L'ORIGINE DU 6e BUT DE SERGIO ROBERTO QUI QUALIFIE LE BARÇA.

2017
NEYMAR QUITTE LE BARÇA AVEC UNE QUANTITÉ IMPRESSIONNANTE DE TROPHÉES GAGNÉS EN ESPAGNE ET SUR LA SCÈNE EUROPÉENNE.

3 AOÛT 2017
NEYMAR EST TRANSFÉRÉ AU PARIS-SAINT-GERMAIN POUR 222 MILLIONS D'EUROS, NOUVEAU RECORD MONDIAL.

MALGRÉ QUATRE CHAMPIONNATS DE FRANCE, PLUSIEURS COUPES DE FRANCE ET COUPES DE LA LIGUE, LE PSG ET NEYMAR N'ARRIVENT PAS À CONCRÉTISER SUR LA SCÈNE EUROPÉENNE AVEC DES ÉLIMINATIONS SYSTÉMATIQUES EN LIGUE DES CHAMPIONS :
2018 : 8e DE FINALE (REAL MADRID)
2019 : 8e DE FINALE (MANCHESTER UTD)
2020 : FINALE (BAYERN MUNICH)
2021 : DEMI-FINALE (MANCHESTER CITY)
2022 : 8e DE FINALE (REAL MADRID)

QUEL AVENIR ?

Juste avant l'été 2022, la prolongation du contrat de Mbappé au Paris-Saint-Germain met Neymar dans une situation délicate car il ne semble plus être la priorité du management du club parisien. Le 24 mai, le club confirme que Neymar est sur la liste des transferts, mais le joueur affirme de son côté vouloir aller jusqu'au bout de son contrat avec le club en 2025 et effectue un démarrage tonitruant pour la saison 2022-2023.

KYLIAN MBAPPÉ

ATTAQUANT
1m78, droitier

MBAPPÉ 10	MBAPPÉ 7
ÉQUIPE DE FRANCE	PARIS-SAINT-GERMAIN

DATE DE NAISSANCE
20/12/1998

LIEU DE NAISSANCE
PARIS

FRANCE

PALMARÈS JOUEUR

ÉQUIPE NATIONALE
CHAMPION DU MONDE 2018

CLUBS

A.S. MONACO	CHAMPION DE FRANCE 2017
PARIS-SAINT-GERMAIN	CHAMPION DE FRANCE 2018, 2019, 2020, 2022 COUPE DE FRANCE 2018, 2020, 2021

« Personnellement, j'ai la même sensation et la même joie de jouer que quand j'étais enfant. Sauf qu'il y a des millions de gens qui partagent ce sentiment avec moi. »

1998
Naissance

12 JUILLET 1998
KYLIAN ASSISTE, DANS LE VENTRE DE SA MAMAN JOUEUSE DE HAND PRO, À LA FINALE DE LA COUPE DU MONDE 1998, PREMIÈRE ÉTOILE DE L'ÉQUIPE DE FRANCE !

17 MAI 2017
PREMIER TITRE : CHAMPION DE FRANCE DE LIGUE 1 AVEC L'AS MONACO ET DEVANT LE PARIS-SAINT-GERMAIN, GRÂCE À LA VICTOIRE 2-0 CONTRE SAINT-ÉTIENNE DONT UN BUT DE MBAPPÉ À LA 19 E MINUTE.

7 OCTOBRE 2018
KYLIAN MBAPPÉ ENFLAMME LE PARC DES PRINCES EN MARQUANT 4 BUTS EN LIGUE 1 CONTRE L'OLYMPIQUE LYONNAIS EN MOINS D'UN QUART D'HEURE.

20 DÉCEMBRE 1998
LE PÈRE NOËL APPORTE LE PLUS BEAU DES CADEAUX AUX SUPPORTERS FRANÇAIS, MAIS ILS NE LE SAVENT PAS ENCORE… !

2016
17 ans

20 FÉVRIER 2016
MBAPPÉ MARQUE SON PREMIER BUT PRO AVEC L'AS MONACO CONTRE TROYES EN CHAMPIONNAT DE FRANCE À 17 ANS.

6 MARS 2016
KYLIAN MBAPPÉ SIGNE SON PREMIER CONTRAT, AVEC MONACO ET POUR 3 ANS.

2017
18 ans

9 MAI 2017
MBAPPÉ MARQUE, EN EMBUSCADE DANS LA SURFACE, SON 6E BUT (LE SEUL DE LA RENCONTRE POUR SON ÉQUIPE) DE LA SAISON EN LIGUE DES CHAMPIONS CONTRE LA JUVENTUS DE TURIN QUI MALHEUREUSEMENT ÉLIMINE MONACO EN DEMI-FINALE.

31 AOÛT 2017
MBAPPÉ MARQUE SON PREMIER BUT EN ÉQUIPE DE FRANCE CONTRE LES PAYS-BAS, SUITE À UNE REMONTÉE, PLUSIEURS DRIBBLES ET UN UNE-DEUX AVEC SIDIBÉ. L'ÉQUIPE DE FRANCE REMPORTE 4-0 CE MATCH DE QUALIFICATION POUR LA COUPE DU MONDE 2018.

LE MÊME JOUR
LE PSG ANNONCE L'ARRIVÉE DE KYLIAN MBAPPÉ DANS LE CADRE D'UN PRÊT AVEC OPTION D'ACHAT CONSENTI PAR L'AS MONACO. IL DEVIENT LE JOUEUR LE PLUS CHER DE L'HISTOIRE POUR QUELQUES SEMAINES.

2018
19 ans

15 JUILLET 2018
À LA 65E MINUTE DE LA FINALE DE LA COUPE DU MONDE CONTRE LA CROATIE À MOSCOU, KYLIAN MBAPPÉ MARQUE LE 4E BUT DE L'ÉQUIPE DE FRANCE À RAS DE TERRE. IL DEVIENT LE PLUS JEUNE JOUEUR À MARQUER EN FINALE APRÈS PELÉ.

L'ÉQUIPE DE FRANCE DEVIENT CHAMPIONNE DU MONDE (4-1) POUR LA SECONDE FOIS DE SON HISTOIRE !

29 AOÛT 2021
MBAPPÉ EST REJOINT PAR LIONEL MESSI SOUS LES COULEURS DU PARIS-SAINT-GERMAIN. AVEC NEYMAR, ILS CONSTITUENT LA LIGNE D'ATTAQUE LA PLUS CHÈRE DE L'HISTOIRE DU FOOTBALL.

MEGAN RAPINOE
PINOE

AILIÈRE
1m67, droitière

DATE DE NAISSANCE
5 JUILLET 1985
REDDING

USA

PALMARÈS JOUEUSE

ÉQUIPE NATIONALE
CHAMPIONNE OLYMPIQUE 2012
CHAMPIONNE DU MONDE 2015, 2019

CLUBS

OLYMPIQUE LYONNAIS	CHAMPIONNE DE FRANCE 2013, 2014 COUPE DE FRANCE 2013
OL REIGN	NWSL SHIELD 2014, 2015

BALLON D'OR FÉMININ 2019

PARCOURS

Considérée comme une des premières stars du football féminin, Megan Rapinoe a remporté trois grandes compétitions avec l'équipe nationale américaine. Elle est aussi très engagée en dehors des terrains, en particulier pour la cause LGBTQ+ (elle a fait son coming-out en 2012) et féministe, obtenant même en 2022 un nouveau contrat avec la Fédération américaine de football pour un salaire égal à celui de l'équipe masculine.

« Je n'ai jamais mis un but sans que quelqu'un me fasse une passe avant. »

MARTA
RAINHA MARTA

ATTAQUANTE
1m62, ambidextre

DATE DE NAISSANCE
19 FÉVRIER 1986
DOIS RIACHOS

BRÉSIL

PALMARÈS JOUEUSE

ÉQUIPE NATIONALE
CHAMPIONNE AMÉRIQUE DU SUD
2003, 10, 18

CLUBS

SANTOS FC	COPA LIBERTADORES 2009 COUPE DU BRÉSIL 2009
FC GOLD PRIDE	CHAMPIONNE USA 2010
WESTERN NEW YORK FLASH	CHAMPIONNE USA 2011
TYRESÖ FF	CHAMPIONNE SUÈDE 2012
FC ROSENGÅRD	CHAMPIONNE SUÈDE 2014, 2015

PARCOURS

Devancée pour le 1er Ballon d'or féminin par Megan Rapinoe en 2022, Marta a longtemps été considérée comme la meilleure joueuse du monde. Elle a remporté cinq fois de suite le titre de meilleure joueuse décerné par la FIFA entre 2006 et 2010. Elle détient aussi le record du nombre de buts marqués en Coupe du monde, hommes et femmes confondus, avec 17 buts, juste devant Miroslav Klose (16 buts).

« Petite, je ne comprenais pas pourquoi les gens voulaient tant m'empêcher de jouer alors que je me débrouillais bien ! Je me suis défendue en montrant mon talent sur le terrain. »

EDINSON CAVANI
EL MATADOR

ATTAQUANT
1m84, droitier

DATE DE NAISSANCE
14 FÉVRIER 1987
SALTO

URUGUAY

PALMARÈS JOUEUR

ÉQUIPE NATIONALE
COPA AMÉRICA 2011

CLUBS

PARIS-SAINT-GERMAIN	CHAMPION DE FRANCE 2014, 2015, 2016, 2018, 2019, 2020 COUPE DE FRANCE 2015, 2016, 2017, 2018
DANUBIO FC	CHAMPION URUGUAY 2006

PARCOURS

Fils d'un joueur de première division uruguayenne, c'est d'abord à Naples qu'il se fait remarquer, enchaînant but sur but. Il rejoint en 2013 le Paris-Saint-Germain où il est souvent décisif. Avec 200 buts inscrits, il est le meilleur buteur de l'histoire du club, mais le quitte en 2020 pour effectuer deux saisons à Manchester United.

« Je suis un athlète du Christ. Je joue pour Lui, pour Sa gloire, pour Le remercier de m'avoir permis de jouer au football. »

KARIM BENZEMA

EL NUEVE (LE 9)

ATTAQUANT
1m75, droitier

DATE DE NAISSANCE
19 DÉCEMBRE 1987
LYON

FRANCE

PALMARÈS JOUEUR

CLUBS

REAL MADRID	LIGUE DES CHAMPIONS 2014, 2016, 2017, 2018, 2022 CHAMPION D'ESPAGNE 2012, 2017, 2020, 2022 COUPE D'ESPAGNE 2011, 2014
OLYMPIQUE LYONNAIS	CHAMPION DE FRANCE 2005, 2006, 2007, 2008 COUPE DE FRANCE 2008

PARCOURS

Meilleur buteur de la Ligue des champions 2022 avec 15 buts en 13 matchs, les performances de Karim Benzema ont explosé au Real de Madrid depuis le départ de Christian Ronaldo en 2018. Condamné définitivement dans l'affaire du chantage contre Mathieu Valbuena, il a été écarté de l'équipe de France pendant plusieurs années, mais y a fait un retour fracassant en 2021. Il est même décisif lors de la victoire française à la première Ligue des nations, nouvelle compétition européenne organisée par l'UEFA.

« Les supporters français sont dans un délire bizarre. En gros, si je marque, je suis français, mais si je ne marque pas ou s'il y a des problèmes, je suis arabe. »

ALEX MORGAN

BABY HORSE (BÉBÉ CHEVAL)

ATTAQUANTE
1m70, gauchère

DATE DE NAISSANCE
2 JUILLET 1989
SAN DIMAS — CALIFORNIE

USA

PALMARÈS JOUEUSE

ÉQUIPE NATIONALE

CHAMPIONNE OLYMPIQUE 2012
CHAMPIONNE DU MONDE 2015, 2019

CLUBS

OLYMPIQUE LYONNAIS	CHAMPIONNE DE FRANCE 2017 LIGUES DES CHAMPIONS 2017
WESTERN NEW YORK FLASH	CHAMPIONNAT USA 2012
PORTLAND THORNS FC	CHAMPIONNAT USA 2013

PARCOURS

Alex Morgan est la première joueuse de l'équipe de la prestigieuse université de Berkeley en Californie à rejoindre une équipe professionnelle. Elle brille à la fois en championnat américain et sur la scène internationale. Elle marque 5 buts lors du match contre la Thaïlande lors de la Coupe du monde 2019 en France. Pour la saison 2022-2023, elle évolue dans l'équipe de San Diego Wave FC.

« Quand vous avez envie d'abandonner, pensez à ceux qui se réjouiraient de vous voir échouer et montrez-leur qu'ils ont tort. »

AMANDINE HENRY

DIDINE

MILIEU
1m71, droitière

DATE DE NAISSANCE
28 SEPTEMBRE 1989
LILLE

FRANCE

PALMARÈS JOUEUSE

CLUBS

OLYMPIQUE LYONNAIS	CHAMPIONNE DE FRANCE 2008, 2009, 2010, 2011, 2012, 2013, 2014, 2015, 2016, 2018, 2019, 2020, 2022 COUPE DE FRANCE 2012, 2013, 2014, 2015, 2016, 2019, 2020 LIGUE DES CHAMPIONS 2011, 2012, 2016, 2018, 2019, 2020, 2022
PORTLAND THORNS FC	CHAMPIONNAT USA 2017

PARCOURS

Amandine Henry rejoint l'Olympique lyonnais en 2007 où elle récolte un palmarès exceptionnel avec treize titres de championne de France, sept Coupes de France et sept Ligues des champions. Capitaine de l'équipe de France pendant plusieurs années, elle est écartée de l'Euro féminin 2022 du fait de désaccords avec la sélectionneuse Corinne Diacre.

« Même si je n'aime pas porter des jupes ou passer des heures à me coiffer, je trouve ça chouette d'être une fille. »

EDEN HAZARD
EDERZINHO

AILIER GAUCHE
1m75, droitier

DATE DE NAISSANCE
7 JANVIER 1991
LA LOUVIÈRE

BELGIQUE

PALMARÈS JOUEUR

CLUBS

LOSC LILLE	CHAMPION DE FRANCE 2011 COUPE DE FRANCE 2011
CHELSEA FC	CHAMPION D'ANGLETERRE 2015, 17 COUPE D'ANGLETERRE 2018 EUROPA LEAGUE 2013, 2019
REAL MADRID	CHAMPION D'ESPAGNE 2020, 2022 LIGUE DES CHAMPIONS 2022

PARCOURS

Issu d'une famille de footballeurs, Eden Hazard se fait remarquer dès son arrivée chez les pros à 17 ans au club de Lille, le LOSC, où il récolte ses premiers trophées. Considéré comme un des meilleurs joueurs belges de tout les temps, il joue un rôle très important dans l'équipe nationale sans pour autant réussir à concrétiser dans les grandes compétitions. En 2019, il est recruté par son idole Zinedine Zidane au Real Madrid.

« J'ai toujours aimé le numéro 10, comme Zidane. J'ai toujours voulu jouer comme lui. »

ERLING HAALAND
THE TERMINATOR

ATTAQUANT
1m95, gaucher

DATE DE NAISSANCE
21 JUILLET 2000
LEEDS (ANGLETERRE)

NORVÈGE

PALMARÈS JOUEUR

CLUBS

BORUSSIA DORTMUND	COUPE D'ALLEMAGNE 2021
RED BULL SALZBOURG	CHAMPION D'AUTRICHE 2019 COUPES D'AUTRICHE 2019

PARCOURS

Fils d'un joueur professionnel norvégien ayant joué en Angleterre et en équipe nationale, Erling Haaland rejoint le club de Manchester City à l'été 2022 après deux années au Borussia Dortmund. De nombreux journalistes et professionnels du football s'accordent pour dire qu'il a de fortes chances de devenir la première légende du football du 3e millénaire (il est né en l'an 2000). Le site Transfermarkt.fr, spécialisé dans l'estimation de la valeur des joueurs, le classe en septembre 2022 second dans le monde juste derrière Kylian Mbappé.

« Ma copine se plaignait toujours que je ne passais pas assez de temps avec elle. Elle m'a demandé de choisir entre elle et le foot. Elle me manque parfois. »

____
____
____

DATE DE NAISSANCE
____
____

QUI MÉRITE DE REJOINDRE LA LISTE DES LÉGENDES ?

BATISTUTA (Argentine) ?
BERGKAMP (Pays-Bas) ?
DEL PIERO (Italie) ?
ETO'O (Cameroun) ?
FONTAINE (France) ?
GIGGS (Pays de Galles) ?
JAIRZHINO (Brésil) ?
KEITA (Mali) ?
KEMPES (Argentine) ?
LEWANDOWSKI (Pologne) ?
LUKAKU (Belgique) ?
MALDINI (Italie) ?
MATTHÄUS (Allemagne) ?
MILA (Cameroun) ?
RIBÉRY (France) ?
RIVALDO (Brésil) ?
RONALDINHO (Brésil) ?
RUMMENIGGE (Allemagne) ?
SALAH (Égypte) ?
STOICHKOV (Bulgarie) ?
SOCRATES (Brésil) ?
TOTTI (Italie) ?
WADDLE (Angleterre)
ou GINOLA (France) !?! ...

envoyez-nous vos suggestions à :
contact@21G.fr

« C'est beau ce stade Vélodrome qui est toujours plein à domicile comme à l'extérieur.
(Franck Ribéry). »